Check-up de carreira

SERGIO CHNEE

Check-up de carreira

SAIBA QUANDO E COMO TRANSFORMAR A SUA SAÚDE PROFISSIONAL

editora éVORA.

Publisher
Henrique José Branco Brazão Farinha
Editora
Cláudia Elissa Rondelli Ramos
Preparação de texto
Gabriele Fernandes
Revisão
Renata da Silva Xavier
Vitória Doretto
Projeto gráfico de miolo e editoração
Lilian Queiroz | 2 estúdio gráfico
Capa
Lilian Queiroz | 2 estúdio gráfico
Imagem da **Capa**
Freepik
Impressão
Typebrasil

Copyright © 2017 *by* Sergio Chnee
Todos os direitos reservados à Editora Évora.
Rua Sergipe, 401 – Cj. 1.310 – Consolação
São Paulo – SP – CEP 01243-906
Telefone: (11) 3562-7814/3562-7815
Site: http://www.evora.com.br
E-mail: contato@editoraevora.com.br

DADOS INTERNACIONAIS PARA CATALOGAÇÃO NA PUBLICAÇÃO (CIP)

C472c

Chnee, Sergio
  Check-up de carreira : saiba como e quando transformar a sua saúde profissional / Sergio Chnee. - São Paulo: Évora, 2016.
  272p. ; 16x23 cm.

  Inclui bibliografia
  ISBN 978-85-8461-063-1

  1. Orientação profissional. 2. Profissões – Desenvolvimento. I. Título.

CDD- 650.1

JOSÉ CARLOS DOS SANTOS MACEDO – BIBLIOTECÁRIO – CRB7 N. 3575

Dedico este livro às duas pessoas que têm sido as maiores apoiadoras de minha vida, em todos os sentidos que uma vida pode ser protegida e incentivada, mesmo antes de seu começo: meus pais.

PREFÁCIO

ROGÉRIO CHÉR

Conheço o Sergio desde os anos 1980, quando cursávamos juntos a faculdade. Era, entre nós, o mais criativo, com interesses e habilidades singulares e inteligente senso de humor. O impacto que causava em nós era transformador. O que mudou daquele Sergio para o de hoje? Nada!

Em todos os seus papéis – como pai, amigo, *coach*, palestrante, escritor e consultor – Sergio Chnee é diferenciado, único em sua capacidade de fazer o bem às pessoas e às organizações. É este o espírito deste livro: fazer o bem, apoiar as pessoas a resgatarem sentido, significado e propósito no que fazem.

Um dos capítulos que mais curti é o que trata da importância de se enxergar nosso Sistema Pessoal de Valores, algo como uma bússola a orientar com coerência nossas ações e escolhas, de vida e de carreira. O brilhante escritor e professor polonês Zygmunt Bauman afirma em seu livro *A arte da vida*: "Os valores são mensurados pelos outros valores que devem ser sacrificados para obtê-los". Pense: o que você topa negociar, abrir mão, em troca de quais outras coisas? O que você concorda postergar para o futuro, em prol de algo que deseja agora? Nas respostas a essas reflexões, que nascerão com a leitura deste livro, você encontrará seus valores.

Com uma provocação consistente e por vezes divertida do seu *Check-up de carreira*, Sergio o deixará com relevantes inquietações: como agiu em cada um dos momentos mais críticos da sua biografia? Como tomou decisões? O que escolheu fazer? Não importa se suas ações deram ou não certo. O importante é explorar o que movia seu comportamento, o que direcionava suas ações. Por trás de cada resposta residem seus valores, aquele conjunto de coisas que guiarão você na direção do futuro que escolherá viver, na vida pessoal e na profissional.

O convite para a leitura desta obra, portanto, servirá como prazeroso passeio pela ampliação de consciência para seu propósito nesta vida. Boa jornada!

SUMÁRIO

INTRODUÇÃO
O complexo de gazela   11

CAPÍTULO I
Farmácia profissional   31

CAPÍTULO II
O caminho certo é o meu   47

CAPÍTULO III
Quem sou eu?   69

CAPÍTULO IV
O melhor presente   95

CAPÍTULO V
O retorno à magnificência   121

CAPÍTULO VI
Bloqueios e desbloqueios   141

CAPÍTULO VII
Por que você está neste planeta?   171

CAPÍTULO VIII
Como aprimorar o *timing* de vida   189

CAPÍTULO IX
Quem você é atualmente?   203

CAPÍTULO X
Desconforto útil   221

CAPÍTULO XI
Como planejar a fé   235

CAPÍTULO XII
O caminho é a aventura   251

BIBLIOGRAFIA   267

INTRODUÇÃO

O COMPLEXO DE GAZELA

"No porto os navios estão a salvo. Mas é para isso que são feitos?"

Anônimo

Descobrir a fórmula para se viver bem é um desafio pessoal. No entanto, tudo funciona melhor quando sabemos quais são as prioridades na vida e escolhemos dar a importância a cada uma delas na sua devida proporção.

Em um dia comum de nossa vida produtiva, qual é a atividade à qual nós mais dedicamos o nosso tempo, além de dormir? Trabalhar. E será que damos a merecida atenção à relevância dessa atividade? Hipócrates já dizia que somos organismos vivos com partes interdependentes. Tudo o que afeta a nossa vida profissional, afeta a nossa vida como um todo.

Tenho atendido a pessoas interessadas em melhorias na vida pessoal e profissional. O que aprendi é que, mesmo quando o enfoque é especificamente na vida pessoal, em algum momento, durante o processo de coaching, a pessoa entende que precisa também trabalhar ações em sua vida profissional, para poder alcançar os seus objetivos finais. Em mais de 250 pessoas atendidas, isso ocorreu em 55% dos casos. Muita gente fala de equilíbrio emocional, mudança de carreira, transição, como atingir o sucesso, avaliações periódicas do RH, mas nada sobre profilaxia profissional, ou seja: o que podemos fazer para evitarmos futuros problemas em nossa vida profissional? Muitas pessoas estão passando ou passarão por transições em suas vidas profissionais. Há neste livro muitas informações e exercícios práticos, em todos os capítulos, para apoiar o processo de quem está ou estará em uma fase de transição profissional.

A partir do capítulo VIII, explicarei em detalhes o método que vem apoiando pessoas em transição ou que estão buscando melhorar algum aspecto específico de suas vidas. Esse método, através da mudança de atitudes no dia a dia, consegue, ao longo do tempo, alterar significativamente a vida das pessoas e direcioná-las para a conquista de seus objetivos.

Este livro visa profissionais que estão dispostos a entrar em ação para obter melhor desempenho e mais felicidade em sua vida profissional. Tenho testemunhado essa busca nos jovens em início de carreira, em profissionais que são avaliados periodicamente pelo RH de suas empresas e nos experientes que não têm certeza se estão no caminho da felicidade e da realização, além daqueles que pensam em começar uma transição ou que estão passando por uma no momento presente.

Mesmo quando uma pessoa tem uma atitude proativa, pode estar rumando para o lado errado sem perceber. Assim como uma pessoa pode ficar doente, uma carreira também pode. Se a medicina do século XXI tem nos dado tantas novas descobertas e possibilidades de cura e melhoria de qualidade de vida, será que não está na hora de nos dedicarmos também à melhoria de nossa vida profissional?

Em um estudo publicado em um artigo de 2010 na revista médica *The Lancet*, o Global Burden of Disease Study avaliou as doenças e mortes no mundo durante vinte anos. O resultado mostrou que as pessoas estão vivendo por mais tempo (muitas doenças graves estão sendo cada vez mais combatidas). No entanto, as pessoas estão vivendo de um modo pior: fatores de risco, que levam a doenças crônicas como a hipertensão e a obesidade são cada vez mais comuns, prejudicando a nossa qualidade de vida. Alguns dos fatores que pioram a qualidade de vida conforme a idade avança, de acordo com o estudo, são: dor nas costas, depressão, anemia por deficiência em ferro, dor no pescoço, doença pulmonar obstrutiva crônica, distúrbios de ansiedade, enxaqueca, diabetes e quedas. Se a frequência de sintomas e doenças está crescendo na população mundial, é porque milhões de pessoas estão gerando esses males para si.

Todavia, outro artigo da mesma revista, de 2014, mostra que cresceu o número de mortes por uso de drogas.

Todas essas doenças e mal-estares profundos do corpo e da alma fazem com que muitos de nós, além dos check-ups de saúde física, nos preocupemos com a necessidade de passar por um check-up emocional, ou algum tipo de terapia, por um período de tempo. E quanto à nossa vida profissional? Será que existe um momento certo para se passar por um check-up de carreira? Assim como a nossa saúde, uma carreira deve ser cuidada com avaliações periódicas e uma avaliação mais profunda sempre que desconfiarmos que algo não está como deveria estar.

Vamos supor que você desconfie que é alérgico a determinada substância e que, cada vez que a alergia se manifeste, você tome algum remédio paliativo sem ter certeza da origem da alergia e qual o antídoto efetivo para ela. Não seria bom descobrir de uma vez por todas o que fazer sempre que os sintomas dessa alergia ameaçarem aparecer? Algumas pessoas têm alergia a determinados tipos de produtos ou substâncias. Quando não conseguem descobrir rapidamente o que os está afetando, é muito comum fazerem exames para conseguirem informações que melhorem a qualidade de suas vidas. Em alguns casos, há pessoas que são alérgicas a mais de uma substância e por isso procuram fazer exames profiláticos para entenderem melhor o funcionamento do próprio organismo e, alterando alguns comportamentos, evitarem sofrimentos futuros.

Os check-ups em nossa vida profissional também visam nos ajudar a conhecer a origem dos problemas para podermos encontrar e desenvolver antídotos eficazes. O tamanho e a profundidade desse check-up podem variar, mas certamente ele deve acontecer com regularidade.

Eis a importância de testes e ações profiláticas também na vida profissional. Independente da causa, quanto antes se sabe qual é a origem do problema, melhor. Pois assim é possível se preparar para que ele não apareça ou para que os seus efeitos e consequências sejam mínimos ou até desapareçam.

Acreditar que nunca haverá mudanças em nossa vida profissional é o mesmo que acreditar que nunca envelheceremos. Podemos até mesmo nos manter no mesmo emprego por décadas, mas isso não significa que não haverá mudanças. Se há fases em nossa vida em que nossos desafios ou prioridades mudam, por que a nossa carreira não pode mudar também? E se é para mudar, quão importante é para nós que nos sintamos bem apoiados com o máximo de informações possível para essas mudanças?

A regularidade das verificações se dá em parte através dos mais variados testes aos quais podemos nos submeter, mas é interessante procurar entender quais áreas podem oferecer risco potencial. Por exemplo, quando uma pessoa trabalha em uma área de comércio exterior e tem baixo domínio de uma segunda língua estrangeira, é possível que ela possa vir a ser substituída no futuro próximo ou mais distante.

O que fazer no caso de um risco potencial? O mesmo que fazemos quando há uma doença na família onde o fator hereditário tem relevância: exames profiláticos. Adaptar a profilaxia profissional ao exemplo acima significa dizer que, trabalhando em uma empresa de comércio exterior, talvez seja relevante fazer um exame periódico de proficiência na língua estrangeira mais necessária para a área de enfoque da empresa, ao menos até a pessoa não dominar com fluência o idioma.

Uma questão que ouço com alguma frequência é o medo de algumas pessoas em ficarem mais velhas. Pode ser uma limitação? Para algumas áreas, especialmente áreas que envolvam capacidade física, sim, pode ser uma limitação. Justamente por isso os exames periódicos são importantes: pois nos ajudam a entender qual o momento de nossa carreira estamos vivendo e nos amparam no planejamento e programação de ações futuras. Se é fato que, após os 40 anos de idade, ao passar por um check-up de saúde, estamos mais propensos a fazer descobertas não muito divertidas, o mesmo pode se dar em nossa vida profissional. Assim, as verificações e os testes periódicos nos ajudam a nos precaver de eventuais sustos e surpresas desagradáveis. A maioria das pessoas só se preocupa com a perda do emprego quando ela acontece. Poucas são aquelas que procuram honestamente entender quais são as habilidades que precisam ser melhoradas e programam ações nessa direção antes de perceberem o risco da frustração pessoal e profissional ou da perda do emprego.

Quantos de nós estamos atentos às frequentes mudanças no ambiente de trabalho? Quantos de nós têm também prestado atenção nas mudanças tecnológicas e nas mudanças nas relações pessoais no trabalho? Quantos de nós estamos atentos aos sinais que a vida nos oferece?

Meu objetivo ao escrever este livro é fornecer ferramentas práticas que viabilizem ao leitor uma profunda verificação de sua vida profissional e, portanto, de sua vida como um todo. As transformações, no entanto, não acontecem nem por acaso nem sozinhas. É preciso vontade, decisão e ação.

Será que profissionalmente você está sentado ao sol esperando a vida passar ou está ativo, aprendendo e se desenvolvendo?

Certa vez, havia uma bela gazela reluzente pastando sob o sol. Os reflexos na água ressaltavam os matizes da natureza ao seu redor. Tudo era poesia, paz e equilíbrio. Em certo momento, a bela gazela se recostou tranquilamente sob a sombra de uma árvore. Nada poderia estar mais perfeito e em harmonia! Subitamente, sem que a gazela percebesse, em uma fração de segundo e como se viesse do nada, um leão abocanhou-a mortalmente pelo pescoço.

A gazela, em paz consigo mesma e com a natureza ao seu redor, não se preocupou com o fato de que mudanças acontecem e que precisamos estar atentos a elas. Na natureza, quem faz corpo mole ou fica parado, morre. Por isso, precisamos prestar atenção e não desenvolver o complexo de gazela, e sim aprender todas as formas para se estar atento ao mundo que nos rodeia.

E, para quem não percebeu ainda, em tempos de mundo informatizado nós fazemos parte da natureza, muito mais do que talvez queiramos admitir. Nosso biorritmo está ligado a este planeta e a tudo que nele vive. Quando estamos em sintonia com a natureza, tudo flui, mas quando não prestamos atenção aos sinais à nossa volta, sofremos as consequências.

O que acontece conosco quando decidimos não nos conectar e não agir?

A consequência é a morte de nossa vontade de viver, de nossa saúde, de nossa vida profissional, de uma união amorosa, de nosso tempo para viver, de nossa realização ou de nossos propósitos de vida. Qualquer que seja ela, essa morte será como uma gazela tão cheia de si que não presta atenção ao que o mundo tenta lhe dizer.

Também é muito comum encontrarmos leões que, acostumados a se enxergarem como campeões fortes e vencedores, param de se esforçar e de se manter em grande forma. No dia exato em que desistem de manter os seus dotes de caçador atualizados, começam a perecer, abrindo espaço para outros que indubitavelmente virão e tomarão o seu lugar.

Precisamos estimular e manter esse leão vivo dentro de nós. Aliás, o poderio deste animal é tal que muitas pessoas costumam dizer que precisam "matar um leão por dia". De minha parte, acredito que é muito mais produtivo "ressuscitar um leão por dia".

Ressurreição vem do latim *resurrectio*, que veio de *resurgere*. É a contração de *re-*, "outra vez", mais *sugere*, "levantar-se, erguer-se". Ou seja, é o estímulo perfeito para se erguer a cada dia. Precisamos estar atentos às áreas de nossa vida das quais nos esquecemos ou para as quais não demos a devida atenção e reerguê-las. Muitas vezes um processo de mudança começa não com algo novo, mas com a retomada de algo que ficou adormecido.

Muitas empresas lançam novas marcas em vez de melhorar produtos já existentes. O novo tende a chamar mais atenção das pessoas. Isso porque nós temos essa atitude conosco: dar mais atenção a uma informação nova do que melhorar algo que já estava sendo trabalhado. Reerguer a força interior em um procedimento que já existia. Ou praticar um valor que é nosso, mas que deixamos eclipsado por ser mais cômodo.

É necessário ter força para ressuscitar um leão por dia. Mas é uma força muito mais emocional do que física. Porém, há uma grande aliada da força, uma vez que tenhamos tomado a decisão emocional de ressuscitar um leão por dia: o planejamento estratégico.

Todas as ações requerem o investimento de mais energia e força quando não sabemos o que ou como fazer. Planejar por meio de uma estratégia específica significa programar o que será feito, quando e como. Através desse caminho, o processo é muito mais rápido, simples e eficiente.

Uma vez que tenhamos desenvolvido um planejamento estratégico profissional, e saibamos em qual direção estamos rumando, fica fácil descobrir o que ainda nos falta para que possamos cumprir as metas e os objetivos desse planejamento.

Isso significa dizer: temos condições de conhecer com clareza quais são as habilidades pessoais e profissionais que nos faltam e que precisamos desenvolver para cumprir o planejamento e atingir o nosso objetivo.

Parece lógico para você? Por incrível que pareça, mesmo sendo um processo lógico, muita gente acaba não seguindo essa trilha por causa de travas emocionais. É importante termos consciência de que as habilidades não são ganhas de presente, são conquistadas. E que não é fácil para ninguém. É sempre uma conquista. E as conquistas são resultado de ações planejadas e treino. Muito treino.

Eis uma situação frequente: começamos a aprender a dirigir um automóvel. Na primeira aula a gente sua frio, faz manobras ridículas, se esquece do que acabou de ouvir do instrutor e sai do carro exausto.

E depois de algumas aulas? Já não é tão difícil, começamos a fazer alguns movimentos automaticamente e estamos mais confiantes em nossa performance.

E passados alguns anos? Nem percebemos quando estamos acionando a embreagem, freando ou acelerando o automóvel. Tudo passa a ser automático, permitindo que consigamos pensar nas outras atitudes estratégicas, como o roteiro de nossa viagem ou frugalidades como o que vamos comer no jantar.

Quanto mais treinamos uma atividade, menos esforço necessitamos para realizá-la com competência. Ou seja, o treino frequente se torna um hábito. E os hábitos mostram aos outros e a nós mesmos quem realmente somos.

Há pessoas que sempre que param o carro em um farol e há um pedinte, procuram uma moeda. Outras respondem que não têm esmola para dar.

Trata-se de um hábito que é gerado pelas crenças das pessoas. E elas reproduzem em suas atitudes aquilo que as suas crenças defendem. Haverá quem pense "essa pessoa precisa de ajuda imediata e eu preciso ajudá-la" e haverá quem pense "se eu der dinheiro agora para essa pessoa, ela nunca vai encontrar o seu próprio caminho". E haverá aquele que não está nem aí para o pedinte e pensa, talvez, que cuidar deles é papel do Estado.

Uma determinada crença faz com que a pessoa reaja de forma semelhante frente a diferentes situações. A repetição dessa reação se transforma em um hábito.

Hábitos podem ser mudados, contanto que a pessoa tenha a vontade de se conhecer melhor e entender quais de suas crenças são genuínas e quais foram "importadas" indevidamente. A grande vantagem de entender esse processo conscientemente é poder escolher os comportamentos que irão nos levar em direção a realizar os nossos objetivos a curto, médio e longo prazo.

Quem fala de comportamentos frequentes com originalidade e pertinência é Malcolm Gladwell no livro *Fora de série* (2008), ajudando-nos a entender que, quando estamos perto de dez mil horas de treino e vivência em determinada atividade, chegamos ao nível de excelência naquela área de atuação. É possível inclusive desenvolver excelência em outra atividade. Basta que também dediquemos a ela algo em torno de dez mil horas de aulas, treinos, leituras ou prática.

Em geral, já sabemos para quais áreas temos grande potencial e talento. Mas há momentos em que é salutar nos colocarmos à prova em uma nova situação. Sempre haverá novos aprendizados. É o que chamei de ter o hábito de ressuscitar um leão por dia: analisar os nossos atuais hábitos, perceber o que nos falta, aprender novos conhecimentos, alterar os hábitos improdutivos para hábitos produtivos e treinar novas ações para manter essa dinâmica constante.

No início, manter a postura de se buscar sempre desenvolver as áreas de menor habilidade pode ser difícil. No entanto, com insistência, torna-se um hábito natural e recompensador.

A família do meu pai perdeu todos os bens por duas vezes desde o início do século XX. Eles tiveram todos os bens confiscados pelos soviéticos durante a Revolução Russa, e novamente a mesma coisa na Polônia pelos nazistas, durante a Segunda Guerra Mundial. Isso fez com que o meu pai desistisse de construir? Ao contrário. Ao chegar ao Brasil, sem ter nenhum patrimônio, ele começou a tirar um diploma depois do outro, trabalhando inicialmente como auxiliar de ladrilheiro, até chegar a presidente de empresas multinacionais.

Ele aprendeu a viver de projetos pessoais e profissionais. Isso significa que ele sempre se manteve ativo física e mentalmente. Desenvolver metas periodicamente e planejar como atingir essas metas, evita que deixemos a nossa vida profissional adoecer.

Para um profissional que está começando a amadurecer em sua carreira, e cheio de questionamentos, o que significa ressuscitar um leão por dia?

Significa que essa pessoa precisa dar vazão a tais questionamentos e que necessita entender quais são as habilidades pessoais ou profissionais que não estão funcionando. Se ele não se permitir pairar sobre esse aspecto em certo momento, alguma parte dele possivelmente vai começar a perecer.

E como ele faz isso? Investindo em autoconhecimento por meio de todos os métodos possíveis. Enquanto aprofunda os seus conhecimentos a respeito de si mesmo, deve manter a sua eficiência em 120% no trabalho. Não basta realizar aquilo que é o previsto, ou seja, os 100%. Ele deve procurar realizar sempre mais do que o esperado. Dessa forma, terá sempre o apoio dos colegas.

Quem faz isso prospera sempre. Não é por acaso que megaempresários brasileiros estão fazendo um enorme sucesso neste início do século XXI. Falo de Jorge Paulo Lemann, Marcell Telles e Beto Sicupira, que, a partir de experiências de alta performance no Banco Garantia, estão revolucionando as empresas pelas quais passam. No livro *Sonho grande* (2013), de Cristiane Correa, descobrimos porque esse trio tem alcançado e inspirado carreiras de grande sucesso:

> Remuneração variável, tanto em companhias brasileiras quanto nas multinacionais era algo secundário.
> O modelo copiado do Goldman Sachs por Jorge Paulo subvertia essa ordem. O Garantia pagava salários abaixo da média do mercado, mas os bônus podiam chegar a quatro ou cinco salários extras, uma exorbitância para a época – desde que os funcionários batessem suas metas. Era uma regra clara e simples, que valia até mesmo para os office boys: trabalhe bem e você será recompensado. Para Jorge Paulo, era fundamental que todos, desde a base, se sentissem "donos" daquele negócio. Só assim dariam o melhor de si e fariam a instituição crescer. Para incentivar ainda mais o pessoal, os bônus eram pagos duas vezes ao ano.

Essa é a lógica de gestão de empresas inteligentes: remunerar de acordo com o desempenho do colaborador.

No entanto, manter-se altamente ativo traz consequências ainda melhores se essa atividade vier junto com autoconhecimento. A alta atividade sem aumento de autoconhecimento gera apenas ventania e redemoinho. E quem vive em redemoinho não sabe para onde está indo.

Por isso é importante fazer verificações periodicamente. O check-up de carreira evita que uma pessoa gire em círculos sem autoconhecimento.

Alguém que trabalha sem parar para refletir se está executando o que deveria ou como deveria, sem nem sequer prestar atenção nas habilidades que precisa desenvolver, pode se tornar viciado em trabalho e não seguir seu propósito de vida. A morte gosta de rondar as áreas da vida de pessoas assim.

No entanto, se essa pessoa investe em um check-up de carreira e trabalha para aumentar o seu autoconhecimento, há três caminhos possíveis:

No primeiro, ela verifica que está indo na direção certa rumo a seus objetivos e que está desenvolvendo novas habilidades para chegar lá. Essa pessoa, por estar ativa em um processo de autodesenvolvimento, possivelmente tem o hábito de fazer check-ups de carreira periodicamente.

No segundo, a pessoa entende que está na direção certa para a sua atual fase profissional, mas precisa desenvolver alguma habilidade que está faltando.

Ela compreende que essa é a forma para atingir as suas metas, provocando o crescimento profissional e suas prováveis consequências: aumento de salário, subida hierárquica ou convite para trabalhar em outra empresa com melhores perspectivas.

Muito frequentemente, quando a pessoa precisa desenvolver novas habilidades, pelo menos uma delas é de origem interpessoal. Essas características fazem com que uma pessoa saiba se relacionar bem com as outras. E normalmente a vida não nos prepara totalmente para isso antes de ingressarmos em uma profissão, seja ela qual for.

Na verdade, é frequente que um profissional bem quisto em sua seção, e porque a empresa necessita rapidamente de alguém encarregado de uma determinada área, seja promovido a líder. Quando esse jovem líder não teve tempo de desenvolver habilidades interpessoais, a promoção acaba sendo um fiasco e pode ser um grande risco para a carreira desse bom profissional.

Frequentemente resulta em: os colegas, que antes apreciavam a companhia dessa pessoa, passam a evitar sua presença. A própria pessoa fica muito deprimida por não conseguir atingir os resultados e quase sempre, mais dia, menos dia, acaba sendo demitida. E tudo porque alguém na empresa, normalmente um superior hierárquico, não deu a devida atenção ao fato de que aquele trabalhador precisava primeiro ser treinado, melhorando as suas habilidades interpessoais, para somente depois poder ser promovido.

Por esse motivo, o próprio profissional, ao fazer um check-up de carreira eficiente, entende quando e como deve assumir novas funções. No mundo das empresas, tenho acompanhado como coach muitas organizações promoverem sistematicamente colaboradores que entregam resultados, mesmo quando não têm habilidades interpessoais bem desenvolvidas.

Muitos deles só vão entender o quanto precisam ou precisavam ter desenvolvido certas habilidades quando já perderam: a confiança dos colegas em seu trabalho, eventualmente a qualidade nos relacionamentos pessoais fora da empresa e até mesmo a saúde física ou mental, algumas vezes de forma irreversível.

Já as habilidades técnicas tendem a ser mais fáceis de serem desenvolvidas, justamente porque envolvem apenas o conhecimento técnico de determinada área.

Tomemos como exemplo um engenheiro de segurança do trabalho que vai fazer cursos para conhecer mais a fundo e em detalhes como auxiliar uma empresa a conseguir certificados internacionais de qualidade de procedimentos: o desenvolvimento desse conhecimento independe da qualidade de suas habilidades interpessoais e é um importante ativo que ele poderá agregar para a empresa.

No entanto, quando ele precisar da participação dos colaboradores da instituição para desenvolver os projetos que gerencia, necessitará ter habilidades interpessoais bem desenvolvidas para envolver os colegas de trabalho nesses planos ou eles poderão não decolar.

Já no terceiro caminho, o indivíduo, após um check-up de carreira, entende que não está na atividade certa para a sua atual fase profissional e precisa descobrir para qual área deve migrar. Essa pessoa pode já ter começado uma transição sem nem mesmo ter percebido ou irá começar a direcionar ações nesse sentido.

Mesmo nesse caso, o profissional deve manter o nível de desempenho em 120%, inclusive antes de mudar de área ou carreira. Isso fará com que a pessoa se desvencilhe bem da antiga função, gozando de alto respeito e patrocínio dos colegas. Além disso, a sua autoestima se manterá forte e colaborará muito para o sucesso em seu novo caminho.

O profissional que, por entender que deve mudar de área profissional, começa a desistir de ter uma alta performance, tenderá, com o passar do tempo, a fazer o seu desempenho cair para 90%, 80%, 70%, 60%... gerando um caminho de autossabotagem, que resultará na morte de várias áreas de sua vida.

O mesmo vale para uma pessoa que tenha um emprego público com estabilidade. Isso pode acontecer quando um servidor público aprende a fazer tudo o que é necessário saber em sua área, mas não enxerga o motivo pelo qual o faz.

Muitas vezes esse funcionário, totalmente desmotivado, começa a trabalhar com menos vontade e o seu desempenho cai bruscamente. O pior é que ele mesmo sabe que a sua performance pode ser muito melhor, o que pode desencadear um processo de depressão.

As empresas públicas que têm uma gestão inteligente sabem que precisam periodicamente oferecer novos treinamentos e desafios aos seus funcionários, bem como um bom plano de carreira. Mas não é o que vemos com grande frequência.

Se você faz parte de uma empresa pública com má gestão, então você é quem precisa ser o gestor de sua vida profissional e de sua carreira. Isso evitará que um pequeno desânimo possa evoluir para uma depressão.

Há inúmeros outros tipos de sentimentos que levam a doenças físicas e mentais. A importância em se estar alerta a respeito da própria vida profissional vai desde as possibilidades de crescimento na carreira, passando pelos aspectos emocionais e suas consequências, chegando até mesmo à qualidade do produto ou serviço oferecido.

O desestímulo, quando não tomado a sério como sintoma de algo potencialmente grave, pode levar o funcionário público ou de empresa privada a ações das quais ele mesmo poderá se arrepender futuramente.

A pessoa que começa a diminuir a qualidade de seu trabalho, sabendo que pode ter melhores resultados, tende a se sentir cada vez mais desmotivada. É como um círculo vicioso.

Quando eu estava perto dos meus 20 anos, escrevi a seguinte poesia:

> Às vezes a gente morre
> e nem percebe...
> Morre mais um pouquinho
> e não percebe...
> Mas às vezes a gente percebe
> e aí...
> Morre mais um pouquinho...

O que eu quis dizer na época e que continua valendo para mim é que muitas vezes não sabemos o tamanho do buraco em que estamos porque simplesmente não nos preocupamos com ele. Esse buraco nada mais é do que alguma insuficiência emocional. Há vários tipos delas. É importante reconhecermos qual ou quais delas nos afetam e darmos a devida atenção ao potencial que elas têm de nos afetar.

Muitas vezes seguimos em ações contínuas no dia a dia esperando que algo mude ou melhore enquanto emocionalmente vamos ficando cada vez mais incomodados. E se não tomarmos algum tipo de atitude no sentido de entender o que é esse buraco emocional, ele tenderá a crescer e a se transformar em comportamentos indesejados, como evitar o contato com pessoas ou até mesmo o início de uma disfunção emocional mais grave.

No entanto, é justamente quando nos propomos a olhar para esse buraco que começamos a aprender a respeito dele e inclusive a entender que ele sempre terá mais espaços vazios a serem preenchidos, não importa o tamanho do esforço para preenchê-lo. E isso não significa que devemos nos desanimar. Significa que devemos entender que a vida tem esse ritmo e que podemos aprender a lidar com essa verdade.

Há duas formas de lidar com esse buraco. Na primeira eu opto por nunca mexer neste buraco. Ele vai aumentando com o tempo até tomar proporções gigantescas. E um dia, por vontade própria, ou como consequência de um acontecimento do qual eu não tenho como fugir, sou obrigado a olhar para ele. Eu fico frente a frente com ele. É o que acontece frequentemente com muitas pessoas que são demitidas e nunca imaginavam que isso aconteceria.

Nessa hora a sensação de vazio é tão acachapante que muita gente não consegue viver o dia seguinte. Algumas pessoas adoecem, outras pessoas se sentem uma fraude, outras pensam até mesmo em tirar a própria vida. E há aquelas que passam a desenvolver um enorme sentimento de baixa autoestima porque só então enxergam o quanto foram arrogantes perante a vida enquanto outras pessoas seguiram aprendendo e crescendo.

Por outro lado, a outra forma de lidar com o buraco é entender que o aprendizado constante faz parte da existência humana. Quem tem essa postura preenche as suas lacunas com todo tipo de conhecimento.

Por investir em si, essa pessoa seguirá crescendo. Viverá a máxima de Sócrates, "só sei que nada sei", em sua forma mais profunda: entenderá que sempre haverá conhecimentos que outras pessoas deterão que a própria pessoa ainda não detém.

Isso a ajuda a ter uma compreensão mais profunda, sem ser piegas, do porquê de uma pessoa nunca ser melhor do que a outra. Uma pessoa pode, no máximo, estar em uma fase onde retém mais conhecimentos teóricos ou empíricos do que outra pessoa. Mas nunca deterá mais conhecimentos do que todas as pessoas a respeito de todos os assuntos ou práticas.

A postura mais inteligente quando não detemos determinado conhecimento ou habilidade é nos aliarmos a quem os detêm. As pessoas mais realizadas são parceiras no desenvolvimento pessoal e profissional de seus colegas e de si mesmas. São provocadoras de prosperidade. Conheço grandes líderes que são também grandes provocadores.

Claro que não estou defendendo a prática de líderes que pisam em seus colaboradores em qualquer situação. Há líderes que exageram e chegam a humilhar sem necessidade, provocar desmerecimento fortuito e até mesmo praticar o assédio moral.

Mas há outros que são duros porque provocam o crescimento de seus liderados em alta velocidade, respeitando o seu potencial e exigindo o seu desenvolvimento. Quando os colaboradores conseguem ultrapassar a barreira da forma de tratamento, entendem o quanto estão evoluindo com esse contato.

Alguns colaboradores estão prontos para esse estágio, outros não. Outros preferem um ritmo mais lento de evolução, o que é direito de qualquer pessoa. E, quando isso ocorre, líder ou empregado acabam por encerrar a relação de trabalho.

O importante é ter a clara consciência de não confundir o líder que provoca para gerar evolução em seu time com o líder que maltrata sem necessidade. Esse líder está perdido e arcará com as consequências de sua postura em algum momento de sua vida, quer em sua vida pessoal, quer em sua vida profissional, quer em ambas.

Aliás, falando em momentos da vida, há uma unidade de medição que nós inventamos que pode ser tanto uma bênção quanto um martírio, dependendo de como convivemos com ela: o tempo. E a vida, se avaliada a partir desse parâmetro, tem começo, meio e fim.

Se você desenhar uma reta anotando onde começou a sua vida e estimar onde ela terminará, poderá estimar o ponto temporal sobre o qual está no exato instante em que lê esta página.

Talvez seja a hora de você avaliar se pretende seguir nessa linha de tempo da mesma forma que vinha fazendo até o momento presente. Talvez valha a pena pensar se não há novas formas de fazer autoanálises e aproveitar mais plenamente tudo o que é possível ser fruído nesta existência.

A trajetória de cada um é única, assim como as suas conquistas. Por isso é de primeira importância que você busque o autoconhecimento e invista no treino das habilidades que ainda não domina.

Certa vez um rapaz foi chamado pelo dono de uma empresa para uma reunião sem saber o que o esperava. Entrando na sala do chefe, foi convidado a se sentar. A seguir, o chefe começou a falar com a voz embargada:

– Meu jovem, você começou nesta empresa há menos de um ano como office-boy. Em pouco tempo eu assisti você ser convidado a se tornar o chefe de seu setor. Suas escolhas e ações o levaram à gerência e hoje, menos de um ano após a sua entrada nesta empresa, tenho a honra de convidá-lo para fazer parte de nossa Diretoria. Mas antes de ouvir a sua resposta, preciso saber de uma coisa: você se sente motivado a trabalhar conosco, e satisfeito com todas estas promoções?

Ao que o jovem respondeu imediatamente com alguma incerteza:

– Sim, papai!

Apesar de parecer um contrassenso, esse jovem pode ser extremamente infeliz se não estiver levando em conta todos os fatores de sua vida antes de aceitar uma proposta como essa. Será que ser diretor na empresa do pai irá satisfazer os sonhos deste rapaz?

É muito importante conhecermos tudo o que faz parte do universo de nossas decisões para gerenciarmos da melhor forma os riscos de nossa trajetória.

Quero convidar você neste momento a se fazer algumas perguntas e pensar um pouco a respeito antes de ir adiante:

Será que estou vivendo tudo o que sonhei quando era criança?

Estou realizando os meus sonhos?

Estou indo em direção às metas e objetivos que tracei anteriormente?

Em que áreas da minha vida estou agindo com o complexo de gazela?

Tenho feito autoanálise e corrigido a rota de meus objetivos com frequência?

Tenho buscado aconselhamento com as pessoas certas?

Conheço os meus valores profundamente?
Sei qual é a minha missão de vida?
Quando eu estiver perto dos 100 anos e olhar para trás, estarei contente com o que vou ver?
O que está faltando em mim para eu ressuscitar 1 leão por dia?

Se uma ou mais dessas perguntas fizeram você enxergar algo que não havia notado antes, ou se você entende que esses questionamentos o levarão a novos aprendizados, é extremamente importante se dedicar ao check-up de carreira com muita atenção.

Quero te ajudar a se entender melhor para viver bem e mais plenamente. Quero convidar você a ser uma pessoa mais integral para poder oferecer mais de você às pessoas com as quais mais se importa e a si mesmo.

Você precisa se conscientizar do quanto a sua vida pode se transformar se você começar a mudar algumas atitudes. O processo todo se inicia com a sua decisão. É algo que ninguém pode fazer por você, por mais que o aprecie ou o ame. Você precisa tomar ciência e agir. E a consequência dessa decisão é o crescimento e a transformação.

O maior adversário das pessoas são elas mesmas. Mas elas também podem ser as suas maiores aliadas. É essencial ter a mente aberta a novas possibilidades, com foco aonde se quer chegar.

Foco, aliás, é essencial. Por isso é muito importante saber gerenciar onde e como você busca as informações, para não ficar perdido com ações difusas.

Nunca na história foi tão fácil ter acesso à informação e nunca houve tanta informação produzida e oferecida como temos tido desde o último quarto do século XX. Por esse motivo, há muitas pessoas que se sentem perdidas nesse universo imenso. E, por se sentirem perdidas, acabam entrando em um caminho cuja inércia os leva a não agir.

CUIDADO!

Não se perca em devaneios. É importante adotar estratégias de autocontrole e seguir.

Você gosta de um determinado jogo eletrônico? Muito bem. Se não consegue ficar sem jogar diariamente, determine uma duração específica por dia para jogar. Por exemplo, meia hora. E acione um alarme. No momento em que o alarme apitar, você desliga imediatamente, sem choro, nem dó. E se você perder a possibilidade de passar de fase no jogo, não se preocupe, amanhã haverá mais. Seja firme consigo mesmo.

Não se perca em um mundo com inúmeras atrações sedutoras. Todas elas querem você só para elas. Quanto mais você for escravo de um determinado jogo, aplicativo, provedor, canal, meios de informações etc., mais aquele veículo ganha. Ele está fazendo a parte dele. E está lucrando...

Neste livro você aprenderá a administrar melhor o seu tempo sem abdicar daquilo que lhe traz prazer. Você também passará por inúmeros exercícios que vão ajudá-lo a fazer autoavaliações, permitindo que venha a estruturar seus planos futuros no gerenciamento de sua carreira.

O mais importante é você ter a consciência de que deve ser a primeira pessoa na sua lista. Estando bem e saudável, você estará, inclusive, mais forte para poder ajudar e contribuir com as outras pessoas e instituições.

Que tal mergulhar a fundo comigo em uma jornada para aprender mais a respeito de si mesmo e de sua vida profissional?

CAPÍTULO I

FARMÁCIA PROFISSIONAL

"As dores ligeiras exprimem-se; as grandes dores são mudas."
Sêneca

Estar saudável tem ligação com assumir que somos vulneráveis a diversos tipos de males e manter uma postura aberta para exames que nos possam auxiliar nessa busca.

Muitas vezes não temos sequer a consciência das dores imensas que vivemos. Vou tratar de algumas dessas dores profissionais maiores, ou mais perenes, nos capítulos subsequentes.

Neste capítulo vou enfocar algumas pequenas dores. São aquelas que podemos resolver normalmente com um analgésico profissional: uma ferramenta, um exercício ou um pequeno treino.

A primeira coisa que você precisa fazer é responder honestamente à seguinte pergunta: você é o tipo de pessoa que quer que o seu interlocutor diga o que você quer ouvir ou você se propõe a aprender com o que os outros lhe dizem?

Se você se encaixa na primeira descrição e não quer mudar o seu jeito de ser, talvez esse livro agregue muito pouco à sua vida. Porém, se você se propõe a mudar quando necessário ou entende que se encaixa na segunda descrição, parabéns: está no caminho do crescimento contínuo.

Boa parte dos pequenos mal-estares profissionais é consequência de querermos resolver sozinhos os problemas com o conhecimento que achamos ter. Quando um problema se repete com frequência, o mais inteligente é aprender algo novo e fazer tentativas para que o caminho se aclare.

Só que às vezes sequer conseguimos enxergar que há problemas acontecendo. Essas adversidades podem ser pequenas dores que já sentimos, mas que, por ainda não terem produzido grandes estragos, podem passar despercebidas por certo tempo. A boa notícia é que elas ainda são passíveis de se tratar com analgésicos profissionais.

Portanto, pergunto:

Será que você sabe identificar quando a sua carreira está em *alerta vermelho*?

Quais são os possíveis sinais de que algo não vai bem?

A seguir vão alguns exemplos de luzes vermelhas piscando:

1. Ter sempre dificuldade em atingir as metas pessoais;

2. Verificar que colegas de área são convidados para treinamentos e você não;

3. Sentir-se insatisfeito frequentemente com o dia a dia;

4. Interessar-se mais por outras áreas do que aquela na qual está atuando;

5. Receber feedbacks de pessoas diferentes que indicam mudanças negativas em seus comportamentos;

6. Verificar que a sua equipe se afastou de você, e o seu trabalho passou a ser individualista;

7. Irritar-se quando, nos intervalos, os colegas tratarem de assuntos profissionais;

8. Perceber que o seu chefe nunca pede a sua opinião em assunto algum;

9. Nunca receber nenhum tipo de promoção;

10. Achar sempre que o trabalho do colega é mais interessante do que o seu;

11. Sentir-se sempre na espera que algo mude;

12. Não ter confiança nos resultados do próprio trabalho;

13. Perceber que um projeto ou atividade pessoal que não está ligado com a sua função profissional está dominando os seus pensamentos no trabalho;

14. Notar que os conflitos passaram a ser frequentes e você sempre faz parte deles;

15. Nunca se dedicar a leituras, cursos ou pesquisas na área em que está atuando;

16. Etc.

ANALGÉSICO PROFISSIONAL 1 = VERIFICOL

O Verificol deve ser tomado sempre que você perceber que alguma coisa está errada, mas não souber identificar com clareza o que é. Pode ser que alguns colegas estejam evitando o contato com você ou que algum deles esteja sendo mais ríspido com você do que com os outros colegas.

Faça então uma avaliação de 360 graus consigo, antes que a empresa resolva ou precise fazer algo com você.

Adiante segue uma lista de áreas para as quais você deve dar uma nota de 1 a 10, avaliando o próprio desempenho:

COMUNICAÇÃO
Escutar os outros: _____
Processar informação: _____
Fazer perguntas esclarecedoras: _____
Comunicar eficazmente: _____

LIDERANÇA
Inspirar confiança: _____
Dar orientação: _____
Delegar responsabilidade: _____
Promover treinamentos com o time: _____

ADAPTABILIDADE
Adaptar-se às circunstâncias: _____
Pensar criativamente: _____
Colaborar com outros setores: _____

RELAÇÕES INTERPESSOAIS
Construir relações pessoais: _____
Promover um clima produtivo na equipe: _____

GESTÃO DE ATIVIDADES
Trabalhar eficientemente: _____
Trabalhar com competência: _____
Gerir as prioridades: _____

PRODUTIVIDADE
Agir: _____
Atingir resultados: _____
Cumprir as metas nos prazos: _____

DESENVOLVER OS OUTROS
Desenvolver os talentos individuais: _____
Motivar com sucesso: _____

DESENVOLVIMENTO PESSOAL
Mostrar comprometimento: _____
Procurar melhorar: _____
Gerar segurança no trabalho (física): _____
Ser pontual e assíduo: _____

Agora faça um sinal nas áreas que tiverem nota abaixo de 5. Para cada uma delas, você deve fazer a seguinte pergunta:

Quais são as três ações mais poderosas que eu posso desenvolver para melhorar nessa área?
___
___
___
___

A somatória das ações anteriores já é um excelente guia das próximas a serem tomadas. Enumere as ações em relação ao nível de urgência que elas têm. Programe quando iniciará cada uma delas e mãos à obra!

ANALGÉSICO PROFISSIONAL 2 = FEEDBACKENOL

Se você perceber que o seu chefe, colegas ou até mesmo comandados seus estão começando a fazer muitas críticas de seu desempenho pessoal ou profissional, talvez esteja na hora de tomar *feedbackenol*.

Aliás, mesmo quando não houver crises, é importante tomar e oferecer *feedbackenol* periodicamente, de forma profilática. No entanto, o que tem se mostrado o grande problema na hora de oferecer e receber o feedback é, em geral, a forma como ele é feito.

Um bom feedback é quando o profissional presta atenção nas ações de seu colega e devolve para ele por meio de comentários concretos e observações no sentido do que e como ele pode fazer para melhorar o seu desempenho. Sem críticas ou juízo de valores.

No caso das lideranças, também tem sido um problema a pouca frequência com que é oferecido. Eu atendi como coach o diretor de uma grande corporação que estava tendo problemas com o seu time.

A questão acabou reverberando mais do que precisava e chegando aos ouvidos do diretor de RH e da CEO da empresa.

Ao iniciarmos o processo de coaching, ficou evidente que ele oferecia feedback raramente e não da melhor forma. Os problemas não eram tão graves, mas cresceram de proporção porque a comunicação entre o diretor e os colaboradores estava falha. Após poucas sessões de coaching, o seu desempenho melhorou consideravelmente nessa área, e o setor resolveu os seus problemas.

No livro *Ferramentas de coaching* (2012), de Alberto Catalão e Ana Teresa Penim, há uma tabela com boas dicas de como avaliar se o feedback está sendo produtivo e feito da melhor maneira ou se está sendo recebido apenas como um emaranhado de críticas.

Independente da sua função hoje em dia, você possivelmente se comunica com colegas de trabalho, muitas vezes em níveis hierárquicos diferentes do seu. Portanto, para fazer uma rápida avaliação, coloque um sinal na tabela da direita ou da esquerda a seguir quando entender qual lado predomina no seu feedback:

FEEDBACK CONSTRUTIVO	CRÍTICA
Oferecido de forma genuína e tranquila	Realizada com emoção negativa
Dirigido à melhoria do rendimento	Modo de descarregar raiva
Estimulante	Desmoralizadora
Embasado e dirigido a fatos	Embasada em interpretações, juízos de valor e dirigida à pessoa
Concreto com descritivo da ação e do comportamento	Vaga em opiniões e com generalizações com o uso frequente de "sempre", "nunca", "você é..." etc.
Focado no futuro	Focada no passado
Procura soluções, cria espaço para novos desenvolvimentos e crescimento pessoal	Procura culpados, reforça sentimento de culpa, cria frustração e inibe ação
Procura eliminar causas subjacentes	A última pessoa "fica com a culpa"
Assumido: quem o dá fala na 1ª pessoa	Frequentemente dissimulada: quem a dá fala na 3ª pessoa
Contínuo, criativo e proativo	Reativa

Agora analise todos os itens que foram assinalados à direita (críticas). Para cada item assinalado, escreva três ações que você pode desenvolver no curto prazo para melhorar essa atitude:

_____
_____
_____
_____
_____
_____
_____
_____
_____
_____

A somatória dessas ações é mais um excelente guia das próximas a serem tomadas. Enumere-as em relação ao nível de urgência que elas têm. Programe quando iniciará cada uma delas e vamos adiante!

ANALGÉSICO PROFISSIONAL 3 = MELHOROLL

Se você sente que gosta do que faz, mas está desestimulado e não vê perspectivas de melhora, é hora de assumir um papel (*roll*) ativo em sua carreira e tomar *melhoroll*!

Muitos de nós nos acostumamos com o cotidiano e acabamos por nos desestimular, perdendo até mesmo o bom humor e a alegria. Fica bastante evidente quando começamos a odiar o domingo à noite só pela perspectiva de mais uma semana de trabalho.

Quando isso acontece, está na hora de você assumir a melhora da sua carreira. Faça a si mesmo as perguntas abaixo, respondendo por escrito na ordem prevista, sem pular nenhuma delas:

> O que está funcionando bem em meu trabalho?
———————————————
———————————————
———————————————

> O que pode funcionar melhor?
———————————————
———————————————
———————————————

> O que está funcionando mal?
———————————————
———————————————
———————————————

> Que ações eu posso desenvolver para corrigir o que não funciona bem rapidamente? (Redija pelo menos três ações.)
———————————————
———————————————
———————————————

Tenho percebido em alguns processos de coaching, mesmo com profissionais de alto desempenho, que, ao descobrir o que devem fazer para melhorar a sua performance ou a de seu time, acabam por enfocar o dia a dia na busca de melhores resultados e não das ações de correção. Se você seguir uma rotina que enfoque resultados sem se preocupar com os problemas, é como tomar o remédio errado para determinada doença. Você pode ter sorte e pode até surtir efeito no curto prazo, mas no longo prazo pode ser devastador, não resolver os verdadeiros problemas e ainda deixar você de boca aberta quando descobrir que não há mais solução para aquele problema específico.

Havia um farmacêutico que entrou certo dia em sua farmácia e logo viu um homem petrificado, com os olhos esbugalhados e mão na boca, encostado em uma das paredes. Logo após perceber o cenário, ele perguntou ao estagiário recém-contratado:

– Que significa isto? Quem é esse cara encostado naquela parede?
O estagiário:
– Ah! É um cliente que queria comprar remédio para tosse. Ele achou caro, então eu vendi um laxante.
O farmacêutico:
– Você ficou maluco? Nós temos um nome a zelar! Não vendemos qualquer coisa só pra fazer dinheiro. Desde quando laxante é bom para tosse?
O estagiário:
– O senhor pode duvidar, mas é excelente. Olha só o medo que ele tem de tossir!

Cuidado para não enfocar a sua energia na direção errada e, em vez de solucionar um problema, ficar com dois!

Um dos resultados dos analgésicos profissionais será a sua decisão em experimentar pequenas mudanças. Essa decisão pode acontecer até mesmo inconscientemente até que você perceba que está fazendo tentativas de corrigir a rota.

Na verdade, quando começamos uma transição, raramente temos a consciência de já estarmos na jornada. É quando já tivemos algumas ações nessa direção que entendemos que estamos começando a mudar de rota.

Às vezes o mercado ou a própria empresa nos leva a esse caminho e em outras vezes somos nós mesmos que vamos mudando.

Tenho um amigo que se graduou em engenharia na Universidade de São Paulo (USP), que tem uma das melhores escolas de engenharia da América Latina. Enquanto cursava a graduação, começou a trabalhar em informática e seguiu nessa área por bastante tempo. Alguns anos depois foi requerido a ele que desenvolvesse a área comercial de um produto, função para a qual se sentia despreparado. No entanto, ele conhecia o produto como ninguém, melhor até do que muitos engenheiros da matriz norte-americana.

Ele nunca tentou ser aquilo que sentia não ser: vendedor. Mas visitava os clientes, conversava, explicava o que precisava a respeito do produto e basicamente desenvolvia uma boa relação com eles. Acabou por se sentir confortável nesta função e me contou com bastante espanto certo dia que um funcionário de um de seus maiores clientes, ao se aposentar, lhe disse o seguinte:

– Você é o melhor vendedor que eu conheço. A gente não precisa de gente falando do produto toda hora. O que a gente precisa é de alguém que venha visitar a gente e contar umas piadas e bater um papo de vez em quando. Quando a gente tem dúvida, a gente pergunta.

Este é o típico caso da pessoa que desenvolveu aos poucos uma nova habilidade, uma nova carreira e nem percebeu que estava fazendo isso, atingindo grande sucesso.

Mas existe também o caso de pessoas que se sentem incomodadas em seu momento profissional e essa situação as leva a novas ações.

No meu caso, percebi que trabalhar com a música erudita da forma como eu estava fazendo não me traria renda suficiente para sustentar dois filhos em boas escolas particulares em São Paulo. Há muito a ser feito além de saber reger uma orquestra para vir a ser o maestro titular de um grupo e eu não me vi executando todas essas outras ações. Então entendi que eu queria fazer algo diferente onde eu pudesse também colaborar com o desenvolvimento de pessoas.

Dediquei-me a fazer cursos em novas áreas, o que me levou à carreira de coach. E essa escolha me permitiu ter mais liberdade de ter contato com a música quando e como eu quero.

De acordo com Herminia Ibarra, em seu livro *Identidade de carreira* (2009):

> No processo de reinvenção, fazemos dois tipos de mudanças: pequenos ajustes de curso e profundas alterações de perspectiva. Normalmente, as primeiras mudanças que fazemos são superficiais. Tentamos mudar para um novo emprego, interagir com pessoas diferentes, desenvolver algumas novas habilidades. Mesmo quando fica aparente a necessidade de uma mudança mais profunda, seu sentido pode parecer evasivo. Pequenas escolhas se acumulam em um quadro de difícil mudança de hábitos, hipóteses e prioridades cristalizados. Mas, depois de um tempo, as estruturas antigas começam a ruir sob o peso dos dados novos. Cedo ou tarde, a força acumulada da soma dos pequenos passos requer uma mudança mais profunda na estrutura básica de nossa vida.

Quando perceber os sinais que a vida irá te trazer, mudar ou não mudar será sempre uma decisão sua. No entanto, é importante notar que todos os grandes personagens da história souberam se adaptar. Mesmo o ser humano, de forma geral, para sobreviver, adaptou-se ao meio ao longo das Eras.

Ninguém muda tudo de uma hora para a outra. É necessário consistência no aprendizado, desenvolvimento e amadurecimento. Mudar também é consequência de entender a carreira como um caminho. Estamos em um ponto da jornada e queremos chegar a outro ponto. Para isso precisamos ter clareza da direção para onde estamos indo e de como queremos chegar lá.

De fato, o objetivo final, o nosso propósito, será sempre um lugar mais distante. E teremos escalas por onde passaremos, durante a jornada. Descobrir a nossa vocação, ou as nossas vocações, nos ajuda a perceber quais serão essas escalas. Muitas vezes entenderemos as escalas apenas durante a jornada e por isso é muito importante estar atento ao caminho.

Se o propósito de vida de uma pessoa é construir um mundo melhor, ela pode começar, por exemplo, como professor, uma primeira escala. A seguir, entendendo que está construindo tal por meio de seus alunos, poderá decidir abrir uma empresa de consultoria e ajudar outras empresas a fazerem o mesmo, uma segunda escala.

Além de conhecer as nossas vocações e desenvolver habilidades que possam nos viabilizar transformar o nosso desejo de contribuir em função de uma profissão, precisamos nos ocupar em gerenciar como faremos isso através do tempo, ou seja, por meio de uma carreira.

As empresas que não se preocupam com essa equação têm colaboradores desmotivados e grande dificuldade em incentivá-los a atingir metas financeiras. Estas funcionam bem como incentivo ao desempenho, mas somente até certo ponto. Isso porque os colaboradores têm outras demandas em suas vidas além do dinheiro e as empresas que não percebem isso costumam perder grandes talentos pelo caminho.

Rogério Chér nos ajuda a decifrar essa equação em seu livro *Engajamento* (2014):

> Vocação tem a ver com nosso chamado, propósito, nossa razão de ser. Profissão refere-se ao conjunto de saberes e ofícios que aprendemos – tanto na teoria, quanto na prática – e que nos especializa para certos desafios. Carreira, por outro lado, refere-se a caminhos, às rotas que escolhemos para empregar nossos saberes e ofícios a serviço de nosso propósito.

Estar em um caminho significa escolher uma rota a seguir. Cada percurso tem várias rotas possíveis. Algumas pessoas insistem em uma mesma direção por muito tempo, sem desvios. Outras o fazem apenas após um longo período. E há rotas com vários desvios. Poderíamos chamar a manutenção de direção e o desvio de consistência e mudança.

Jim Collins trata desse assunto em *Vencedoras por opção* (2012). O autor fala de consistência e mudança e menciona que os idealizadores da Constituição dos Estados Unidos se reuniram na Filadélfia em 1787 para decidir uma questão bastante profunda: como criar uma estrutura prática que pudesse ser, ao mesmo tempo, flexível e duradoura?

Eles não conseguiriam prever todas as mudanças que ocorreriam no mundo nos séculos e milênios futuros, mas não poderiam ser tão vagos a ponto de redigir um documento sem força e princípios práticos.

Buscaram então uma estrutura coerente e consistente que provocasse uma união, e não apenas estados separados com suas prioridades locais, o que fomentaria novas batalhas por território e poder.

Criaram assim o mecanismo das emendas constitucionais. Foi a maneira que encontraram para a Constituição evoluir de forma natural, dando espaço para que as gerações futuras pudessem acrescentar emendas quando surgissem questões que eles, em seu tempo, não tinham como prever: depois das primeiras 10 emendas – a Carta dos Direitos, de 1791 –, houve apenas 17 emendas constitucionais nos 220 anos seguintes.

No mesmo livro, Collins e Hansen, o coautor, chegaram à conclusão de que as empresas que atingiram sucesso extraordinário ao longo de vários anos não foram obrigatoriamente aquelas que mais inovaram, e sim aquelas que souberam QUANDO inovar. É importante aliar a excelência operacional com a inovação.

Você tem escolhido caminhos que permitam empregar os seus ofícios e saberes de modo a colocá-los a serviço de seu propósito?

Analise com cuidado as suas respostas para as perguntas e exercícios realizados anteriormente neste capítulo e decida quais serão as ações que priorizará e quais serão as ações que virão depois. O importante é não ficar parado e deixar o mundo girar sem você.

Líderes extraordinários só conseguem altos resultados porque são hipervigilantes a tudo o que os cerca.

Para verificar o quanto você consegue estar vigilante, quero fazer um convite para um exercício de escuta. Ouça na Sinfonia Nº 6 de Ludwig van Beethoven, "Pastoral", dividida em 5 partes, o segundo movimento (a segunda, das cinco partes). Haverá a reprodução do canto de alguns pássaros feita por determinados instrumentos da orquestra. Ouça até o final do movimento e não desista.

Se você prestar bem atenção, conseguirá perceber até mesmo um cuco cantar!

CAPÍTULO II

O CAMINHO CERTO É O MEU

> "Nossa maior fraqueza está em desistir.
> O caminho mais certo de vencer é tentar mais uma vez."
> *Thomas Edison*

Ao misturarmos uma substância ácida com uma básica, provocamos uma reação de neutralização. Essas substâncias se transformam em sal e água. Enquanto as moléculas continuarem a se organizar da forma como vêm fazendo ao longo das últimas eras neste planeta, o resultado será sempre o mesmo.

Já a aventura humana não se resume a um único tipo de reação. As nossas crenças e ações geram um número infinito de combinações possíveis. Então, como saber se estamos indo na direção certa para atingir determinados objetivos?

A melhor maneira de sabermos se estamos na rota correta é fazendo as perguntas certas para nós mesmos. E sendo muito honestos nas respostas.

Frequentemente nos sabotamos e nem percebemos. Fazemos algumas perguntas para a nossa alma e, mesmo antes de ouvir a resposta, os nossos medos produzem justificativas, trazendo todo um plano de ideias que não é aquilo que a nossa essência mais profunda pede.

O primeiro questionamento que quero lhe propor é pensar em sua atividade principal hoje em dia. Quanta segurança você tem de que escolheu a área para a qual tinha maior probabilidade de sucesso e realização?

Pense um pouco como foram os primeiros dias em que você esteve trabalhando na área em que atua. Você tinha a sensação parecida com "eu faria isso até de graça"?

Se a resposta é "sim", claro que tomou a decisão adequada na época. Mas mesmo que tenha tomado a decisão certa, é bom saber: hoje você ainda faria a mesma coisa sem remuneração? Em caso negativo, por que não?

Talvez porque, com o passar do tempo, outras obrigações vieram à sua vida e, mesmo tendo habilidade natural para essa função, você passou a ter que arcar com obrigações financeiras e responsabilidades.

Além disso, provavelmente você desenvolveu a sua autoestima e sabe o quanto vale a sua força de trabalho. Você até poderia "fazer de graça", mas sente que não faz mais nenhum sentido fazê-lo dessa forma.

No entanto, a outra possibilidade é que, com o passar do tempo, tal função passou a não caber mais na sua caixa. Só que você foi se acomodando e acabou ficando. Ficou cada vez mais incomodado com aquilo que fazia, mas continuou na área. A decisão foi certa para um determinado momento da vida, mas talvez não faça mais sentido em sua vida hoje.

Para algumas pessoas, a questão hoje não é nem mais fazer de graça ou não: essas pessoas não querem continuar nessa atividade nem que recebam muito bem! Mesmo assim, muitas pessoas não conseguem dar o próximo passo. Sentem-se oprimidas pelo cotidiano.

Uma escolha certa na vida não significa ser a única ou a última. Steven Spielberg, importantíssimo diretor de cinema, diz que a cada grupo de anos é como se nós vivêssemos uma nova vida. Ou seja, vivemos muitas vidas em uma só. E cada vida tem a sua verdade. Não mudamos a nossa essência mais profunda, mas podemos sim alterar muitas de nossas crenças e até mesmo os nossos valores. O que faz com que as nossas ações e atividades possam perder todo o sentido.

Aliás, para uma pessoa que tenha passado por uma ou mais transformações dessas, manter-se na mesma função profissional ou carreira pode ser uma verdadeira tortura.

Como saber se você está na função certa neste momento?

Há inúmeras funções profissionais que as pessoas podem exercer com competência e não gostar obrigatoriamente. Por exemplo, uma pessoa pode ser gerente de um banco, executar muito bem aquela função, ter uma vida equilibrada, e, na verdade, não gostar do que faz.

A situação se complica quando essa pessoa aprendeu a performar bem na função e se acostumou a realizar a tarefa sem se questionar. Talvez ela quisesse se dedicar a outra área.

Se essa pessoa fizer uma análise mais profunda, poderá chegar à conclusão de que nunca teria se dedicado àquela função sem remuneração. Nem um dia sequer de sua vida. Neste momento, se essa reflexão for honesta, a pessoa irá enxergar que havia outra atividade que sempre falou mais forte em seu coração. Ela perceberá que sempre quis ter sido, por exemplo, bióloga.

Em uma situação como essas, é muito comum os medos provocarem as justificativas e gritarem: "Você estava casado e depois teve filhos! Nunca teria conseguido dar o mesmo nível de vida para eles sendo biólogo!".

O problema é que, quando a pessoa começa a dar justificativas para si mesma para realizar ou não determinada ação acostuma-se com o ato de se justificar. E normalmente as justificativas se baseiam em fatos. É muito fácil enganar a si mesmo. Mas as justificativas não o levam para a sua verdade interior. Elas o afastam de ser quem você quer ser.

Quando eu estava no ensino médio no Colégio Bandeirantes, considerado um dos melhores colégios do Brasil, lembro-me de um colega de classe perguntando a um professor de física:

– Por que você decidiu estudar física e ser professor? Dá para viver bem como professor?

Até hoje a resposta dele é um marco para mim, porque me ajudou a confirmar uma postura de vida. Ele disse:

– Eu sempre soube que o futuro como físico, fora da pesquisa, era provavelmente dar aulas. E sabia também que eu não tinha interesse em desenvolver uma carreira como pesquisador. Sempre gostei de física e sempre gostei de dar aulas. Por esse motivo sou um professor motivado e dou aulas nos melhores colégios de São Paulo.

Ele viria a ser milionário como professor de física? Não. Mas isso ele sabia. E não se importava porque fazia o que realmente amava. Se ele viesse a decidir que queria ser professor de física e milionário, talvez se dedicasse a dar aulas de física apenas uma vez por semana e teria um outro emprego nos outros dias, como, talvez, operador de investimentos na bolsa de valores. Mas para isso ele teria que planejar bem o seu caminho e segmentar o seu sonho.

A questão é o quanto você está disposto a abrir mão de determinados hábitos ou benefícios para viver plenamente a sua missão. Muito frequentemente as pessoas que passam pelo processo de coaching colocam o aspecto financeiro como o principal empecilho para as suas realizações. E muito frequentemente, ao longo do processo, elas percebem que o que as estavam impedindo não era a sua condição financeira: eram as suas crenças.

Ser professor em qualquer lugar no mundo tende a ser menos rentável do que ser um gerente de banco. Claro que em países mais desiguais a diferença é maior. Mas nada impede que uma pessoa realize os seus sonhos caso ela planeje e organize o seu caminho. O que não pode é ficar parado esperando que algo milagroso aconteça. Você fica um dia, uma semana, um mês, um ano e acaba esperando uma vida inteira...

Raro é o sonho que realmente não é possível de ser concretizado, embora haja alguns. Se você sair por aí dizendo que vai construir uma colônia humana em Júpiter com a tecnologia do início do século XXI, porque eu disse que tudo é possível, calma aí! Não devemos nos autocensurar, mas é preciso bom senso.

No entanto, tirando os sonhos realmente impossíveis, quase tudo é fruto de planejamento, ação e persistência.

Muitas vezes somos nutridos com crenças de que há apenas alguns tipos de profissão que são rentáveis e respeitáveis e por isso não nos dedicamos a entender qual é aquela que realmente nos satisfaz. Contudo, muitas vezes as pessoas descobrem que a nova função, que irá torná-las pessoas realizadas, pode ser até mais rentável que a anterior.

Em determinada ocasião, atendi a um rapaz que estava muito infeliz, trabalhando na área administrativa de uma empresa. Ele havia sido levado a acreditar que qualquer profissão ligada à arte nunca iria lhe trazer a possibilidade de se sustentar. Durante as primeiras sessões, consegui provocar nele a vontade de fazer pesquisas mais profundas e de conversar com outras pessoas a respeito.

Após alguns meses de coaching, ele conseguiu uma posição como cantor em um grupo estabelecido e, com muita alegria, me enviou uma mensagem para dizer que havia, inclusive, melhorado o seu rendimento financeiro.

Portanto, não basta descobrir as características de uma nova função e ficar rezando para que algo o coloque lá. É preciso querer fazer a transição. Para isso, é necessário assumir a mudança.

Algumas são mais fáceis que outras. Se for esse o seu caso, talvez você precise abrir mão de alguns benefícios materiais por um determinado período de tempo no seu processo de mudança. Mas, se você está indo em direção a algo que realmente o satisfaz, a recompensa final sempre valerá a pena.

Eventualmente aparece alguém reclamando que o seu sonho é impossível "porque..." e em seguida vem a justificativa. Muitos argumentos são excelentes e quase sempre verdadeiros, mas nunca devem ser tomados como mais importantes que o sonho.

Mesmo um sonho difícil, se é o que o seu espírito pede, merece a sua atenção.

Certa vez me procurou o gerente de marketing de uma rede de lojas porque havia assistido a uma palestra minha e, provocado por um dos conceitos que eu desenvolvi, resolveu passar por um processo de coaching.

Ele sabia que não estava feliz, mas não sabia o que podia fazer a respeito. Logo na primeira sessão de coaching, após um exercício, ele identificou com facilidade que o seu objetivo era viver como ator.

No entanto, era algo impossível de se realizar porque dentro da sua cabeça, casado e com contas a pagar, era algo inimaginável. Porém, era muito claro que era isso que ele realmente queria. E quando isso acontece, é muito bom porque boa parte do sucesso para alcançar um sonho está em sabermos com segurança onde queremos chegar.

É como um bom navegador. Sabendo com clareza aonde se quer chegar, ele nos leva até lá.

Floresceu para o rapaz que naquele momento de vida ele não poderia largar o emprego de uma vez. Nas condições do momento, era impossível investir unicamente na carreira de ator e manter a família. Fizemos então um planejamento para os dez anos seguintes, com ações que iriam permitir a ele estar sempre em contato com a atuação. Dessa forma, ele se manteve em contato com aquilo que mais queria, área da qual ele havia desistido anteriormente, enquanto trabalhava para construir as condições para viver somente como ator no futuro.

Às vezes o nosso sonho pode parecer tão grande que desistimos mesmo antes de começar. Se esse é o seu caso, aprenda a segmentar e planejar as ações futuras.

Se hoje você tem um sonho e tem dúvida de que ele é possível, pergunto: há alguém em algum lugar de nosso planeta vivendo com sucesso uma missão parecida com essa que você deseja?

Caso haja alguma pessoa vivendo uma missão parecida, você também pode. E, para chegar lá, aproveite e estude a biografia dessa ou dessas pessoas que alcançaram sonhos semelhantes. Se a trajetória delas não fere os seus valores, basta aprender com elas. É muito importante ter a humildade de aceitar que nem sempre temos todas as respostas.

Se o percurso dessas pessoas de sucesso ferir algum de seus valores, pense onde você precisa alterar a trajetória para alcançar os mesmos objetivos sem atritar os seus valores. Talvez leve um pouco mais de tempo, mas o resultado trará a realização que você busca.

E se você não conhece ninguém que chegou a um objetivo parecido com aquele que você almeja? Pesquise e estude o que é necessário fazer para que esse sonho possa ser alcançável.

Muitas vezes não queremos fazer nada a respeito porque é mais cômodo ficarmos onde estamos. Se essa é a sua decisão, você tem todo o direito de mantê-la. No entanto, não poderá futuramente reclamar e dizer que não é feliz se a sua busca na vida não foi pela realização.

Eu atento, no entanto, para outros benefícios que uma pessoa tem quando opta por um determinado caminho na vida: ninguém vive um papel se não tiver benefícios. Em seu esclarecedor livro *Os papéis que vivemos na vida* (1976), Claude Steiner nos ajuda a entender que muitos de nós vivemos como se estivéssemos interpretando um papel em um roteiro.

E a maioria de nós, mesmo sem saber, somos ótimos atores porque não queremos sair desse roteiro. E se não saímos do papel é porque temos benefícios. Steiner explica que há pessoas que vivem livres de scripts, mas são exceções. A maioria de nós vive algum tipo de script porque fomos ensinados a viver assim. E decidimos não mexer nele.

Alterar o script que foi definido para nós pode decepcionar pessoas que amamos. E queremos ser amados. Isso é natural nos seres socialmente saudáveis.

As primeiras pessoas com quem convivemos são os nossos pais e tutores. Queremos o amor deles. Então o que acontece com grande frequência é que as pessoas vivam os papéis que os pais ou tutores criaram para elas. Não queremos contrariá-los porque queremos o seu amor. E somente depois de muitos anos vamos perceber que aquele roteiro não é o da nossa vida. Percebemos que estamos vivendo um script que provoca muitas dores e até doenças, físicas e mentais.

A melhor maneira de amarmos os nossos pais ou quem quer que seja é sermos pessoas integrais, plenas e realizadas. E, uma vez alcançados os nossos sonhos e objetivos, levaremos alegria e orgulho a todos aqueles que contribuíram com a nossa formação um dia.

A mesma coisa pode ser dita do papel que uma pessoa querida, um amigo ou um cônjuge queira que vivamos. Há papéis para serem vividos em nossa vida social, econômica, espiritual, matrimonial, física, amorosa, sexual etc. Quanto mais nos acostumamos a viver os papéis que os outros querem que vivamos, menos vivemos a nossa verdade pessoal.

Até mesmo uma pessoa muito querida pode ser alguém que nos estimule a viver um papel que não queiramos viver. Porém, possivelmente, ela não deve estar amadurecida emocionalmente ainda. Isso não faz dela um adversário, mas certamente ela não é a sua maior aliada em seus planos de prosperidade.

Pessoas emocionalmente competentes entendem e levam em consideração os sentimentos do outro. Elas levam vantagem em qualquer setor da vida, inclusive nas relações amorosas e íntimas. Como diz Goleman (2001):

> As pessoas com prática emocional bem desenvolvida têm mais probabilidade de se sentirem satisfeitas e de serem eficientes em suas vidas, dominando os hábitos mentais que fomentam sua produtividade; as que não conseguem exercer nenhum controle sobre sua vida emocional travam batalhas internas que sabotam a capacidade de concentração no trabalho e de lucidez de pensamento.

Para não ter a sua concentração minada no trabalho, é importante averiguar como vão as suas habilidades pessoais. Há dois tipos delas: interpessoais e intrapessoais.

As habilidades interpessoais são aquelas que ajudam a entender as outras pessoas e que permitem trabalhar cooperativamente com elas. As habilidades intrapessoais são as suas aptidões interiores. São as características que compõem quem você é e que definem o tamanho da sua eficiência emocional.

É essencial termos o autoconhecimento do estágio em que estamos com nossas habilidades emocionais, pois elas podem nos levar ao sucesso ou ao fracasso.

Avalie: quão desenvolvidas estão as suas habilidades interpessoais e as intrapessoais?

Para que você tenha certeza de que está no caminho certo e para que entenda melhor se precisa desenvolver uma ou mais habilidades interpessoais ou intrapessoais, proponho um exercício.

Antes de iniciar, porém, tenha certeza de que está em um ambiente onde poderá ficar bem relaxado e concentrado, sem ser interrompido por pessoas ou aparelhos eletrônicos.

1. Procure uma posição bem relaxada e faça pelo menos três respirações profundas. As respirações são importantes para equilibrar a sua pressão sanguínea e aumentar o equilíbrio físico e mental.

2. Dê preferência em ficar de olhos fechados, procure enxergar uma tela de cinema à sua frente onde você irá ver uma cena no seu futuro. Essa cena acontecerá quando você estiver com idade bem avançada e você se enxergará como uma pessoa extremamente realizada e feliz.

3. Olhando sempre para você no futuro, pergunte a essa pessoa o que ela realizou na vida até aquele momento e o que precisou aprender e desenvolver para chegar lá.

4. Quando tiver ouvido tudo o que você do futuro tiver para dizer, volte e anote.

Nessas anotações possivelmente você terá aprendido muito a respeito de você mesmo.

SE VOCÊ VIAJAR ALGUMAS DÉCADAS PARA FRENTE, PARAR E OLHAR PARA TRÁS, PERCEBERÁ QUE ESTARÁ VIVENDO AS CONSEQUÊNCIAS DAS ESCOLHAS QUE FEZ UM DIA. LEMBRE-SE: NINGUÉM ESTARÁ LÁ PARA ASSUMIR AS CONSEQUÊNCIAS DE SUAS DECISÕES.

Se você é a única pessoa que assumirá as consequências das escolhas que fez no passado e daquelas que está fazendo agora, está na hora de ter certeza de que todas elas foram feitas por você mesmo.

Para você ter uma ideia da importância das escolhas, veja só o que aconteceu com um importante político ao falecer:

O doutor Pedreira faleceu após ser deputado por várias gestões. Chegando ao céu, foi recebido por São Pedro. Esperto, com a sua lábia de mel e sabendo que quem detinha o poder de seu destino naquele momento era o famoso santo, começou a fazer perguntas para tentar conhecer melhor o seu interlocutor e se fazer mais próximo dele. Acabou conseguindo encontrar alguns pontos em comum, ainda que fossem poucos.

A certa altura, ele resolveu perguntar, como quem não quer nada:
– Então aqui é o céu, prezado São Pedro?
– Não, meu filho. Aqui é o purgatório. E agora eu estou em dúvida... Pelas suas escolhas em vida você merece tanto ir para o céu quanto para o inferno... Acho que vou deixar com você a decisão!

Percebendo a brecha que se abria para ele se dar bem, o doutor Pedreira foi logo se animando e enchendo São Pedro de elogios. O santo, por sua vez, inalterado com a bajulação, acompanhou o político em uma breve excursão pelas alas intangíveis, para que ele pudesse se decidir.

Em primeiro lugar, visitaram o céu. Um lugar primoroso, pleno de paz, com anjos tocando harpas e outras almas aladas em atividades plácidas e tranquilas. O doutor Pedreira achou um pouco entediante, mas foi só elogios à paisagem visitada.

A seguir, o santo o levou para o inferno. Era um lugar repleto de lindas mulheres, com pouquíssima roupa, música alta, pessoas fumando e bebendo... Enfim, só havia prazeres.

Com certo constrangimento, o doutor. Pedreira perguntou então a São Pedro: – Meu celeste amigo, sou eu mesmo que vou escolher para onde ir?

– Sim, Pedreira. A escolha é sua.

– Bom, não é por nada não, mas... apesar da má fama, acho que vou ficar no inferno mesmo! Acredito que eu não aguentaria toda aquela paz para sempre.

– Muito bem, meu filho, mas preste atenção: você não poderá mudar a sua escolha nunca mais.

O doutor Pedreira estava, na verdade, até animado em viver por toda eternidade naquele inferno e confirmou a escolha. São Pedro estalou os dedos e o deputado sumiu, sendo transferido imediatamente para o inferno.

Alguns dias depois, São Pedro precisou dar uma passada pelo inferno e encontrou o político sendo queimado e torturado por um diabo imenso. O homem, percebendo a presença do santo, gritou desesperado:

– São Pedro, São Pedro! O que aconteceu? Isso aqui é um suplício! Cadê aquele lugar maravilhoso que o senhor me mostrou?

– Você escolheu o inferno, meu filho. É a consequência de sua vontade.

– Não é disso que eu estou falando. O inferno que o senhor me mostrou era um lugar maravilhoso. E isso aqui é... é um inferno!!!

– Pois, é, meu filho. Todo mundo sabe o que é o inferno, não? Você também sabia, mas escolheu acreditar no que eu te mostrei. Eu fiz como você em vida: mostrei para o meu eleitor aquilo que ele queria ver.

Por isso preste muita atenção na opinião das outras pessoas e nas escolhas que tem feito. Pior do que ir para o inferno depois de morrer é viver um inferno pessoal todos os dias da vida por escolha própria.

Essa análise poderá ser uma das ações mais importantes que você fará em sua vida. Então faça-a com atenção e calma. Ninguém estará ao seu lado no futuro para assumir as consequências dessas escolhas. Somente você.

Quero pedir a você que faça uma pausa nesta leitura e faça algumas perguntas para si mesmo. Pense um pouco a respeito:

Quais são os papéis que você vive por escolha própria?

Quais são os papéis que você vive por escolha de outras pessoas?

Depois de refletir, passe algum tempo em uma atividade que o distraia, sem que você tenha a chance de pensar nesse assunto. É muito importante passar por outra atividade antes de seguir a leitura. Permita ao seu cérebro que relaxe. Muitas das melhores ideias e resoluções aparecem justamente no período de repouso, após uma fase de trabalho mental intenso.

Somente depois dos passos anteriores, volte para a leitura. As questões estão destacadas a seguir:

1. Nas primeiras vezes que realizei este tipo de trabalho ao qual me dedico hoje, teria me disposto a fazer isso sem remuneração?

2. Se na época em que me decidi por este caminho, tivesse recebido uma bolsa de estudos para um país que eu admirasse muito, para qual país teria ido e qual teria sido a área à qual teria me dedicado?

3. Se fosse convidado para trabalhar em uma área de maior interesse pessoal em outra empresa ou em outra área nesta mesma empresa, embora sem nenhuma perspectiva de aumento de salário, eu iria?

4. Se a empresa onde trabalho atualmente me oferecer aumentos constantes de salário, mantendo-me na mesma função sempre, sem novos aprendizados ou desafios, o que eu escolheria fazer?

5. O meu principal compromisso é com a empresa onde trabalho/função que eu exerço ou comigo mesmo? Acredito na frase "eu sou o que eu faço"?

Se você já fez as perguntas para si e já descansou a mente com outra atividade, vamos adiante.

Sugiro uma nova pausa, um novo descanso mental. E a seguir, vamos analisar as suas respostas:

1. Se a sua resposta é que teria feito este trabalho sem remuneração, é quase certo que fez a escolha correta no passado. No mínimo você se divertia muito fazendo este trabalho. No entanto é importante avaliar se você continua se sentindo estimulado com esta atividade hoje em dia ou se está na hora de novos desafios.

2. Analise o país para o qual teria ido e também o curso ou atividade à qual teria se dedicado. São dados parecidos com o seu histórico profissional? Se houver alguma diferença, mas for pequena, não precisa se preocupar, afinal, são apenas alguns ajustes. Porém, se você é médico e estudou no Brasil, e, ao fazer o exercício mental teve como resultado que teria ido para os EUA para trabalhar na área comercial de uma grande loja, atenção: já tem uma luz amarela piscando para a qual é bom você prestar atenção. Talvez hoje você não esteja mais na área ou na função certa.

3. Se você respondeu que não mudaria de função mantendo o mesmo salário que recebe hoje, isso é um bom indício de que se acomodou. A questão é saber se você não mudaria porque prefere ficar na sua zona de conforto ou porque faz o que realmente gosta. Agora, se mudaria para outra empresa ou área mesmo que o salário seja o mesmo, isso é um forte indício de que você não está vivendo a sua missão profissional. O mesmo vale para quem é profissional autônomo e merece uma verificação.

4. Se você escolher se manter na mesma empresa com aumentos de salário constantes, mas sem desafios ou aprendizados, cuidado: você pode estar na área certa mas pode ter se acostumado tanto a estar onde e como está, que não tem mais evoluído e isso pode significar um modo de vida que tenderá a mantê-lo parado profissionalmente e talvez pessoalmente também. A zona de conforto pode estar minando a sua autoestima e o seu futuro.

5. Algumas pessoas tendem a acreditar que viver na zona de conforto é fazer corpo mole e ser preguiçoso. É possível estar nela, trabalhando doze horas por dia. Se você trabalha incessantemente, sem parar para pensar no que está fazendo com a sua vida profissional, pode estar se enganando. Ninguém é apenas o que

faz profissionalmente. E ninguém é insubstituível em nenhuma organização ou projeto. Se você ainda não se conhece profundamente, está na hora de investir algum tempo nesse projeto.

Qual a relevância de ser responsável pelas próprias escolhas?
No filme *Invictus*, Clint Eastwood enfoca um momento especial na vida de Nelson Mandela. Após décadas passadas na prisão, ele estava no posto de presidente da África do Sul. Era uma fase delicada, pois o país estava começando a desenvolver uma nova forma de pensar, graças ao seu grande líder. Uma reconstrução baseada na reconciliação.

O campeonato mundial de rugby seria na África do Sul, e o time nacional tinha pouquíssimas chances de sucesso de acordo com todos os especialistas. Internamente naquele país, o rugby havia sido sempre um esporte dos brancos e raramente algum negro – maioria étnica da África do Sul – tinha sequer ideia de como aquele jogo funcionava.

Entretanto, Mandela enxergou que era um momento estratégico importante: os sul-africanos precisavam melhorar a sua autoestima. Ele queria que o seu país tivesse alta performance na competição e, quem sabe, vencesse.

Convidou então o capitão da equipe para uma conversa. Nesse encontro, entre perguntas e sugestões, Mandela provocou o capitão com uma citação de William Henley:

–Você é o capitão da sua alma!

Mais do que uma frase de efeito, eram palavras que vinham de um homem que, passando de prisioneiro do Estado a Presidente, havia vivido cada sílaba conscientemente. E sabia que, se conseguisse demover o capitão da equipe, ele faria o mesmo com o restante do time.

O estratagema de Mandela foi extremamente eficiente, e o resultado foi que, contra todos os prognósticos, a África do Sul venceu os concorrentes um a um e se sagrou campeã mundial.

Todos têm direito a fazer escolhas e tentativas enquanto a sua liberdade não impedir a do outro.

Falar de igualdade de direitos não significa anular a pessoalidade. Pelo contrário: é dando às pessoas as condições de ser quem querem ser que possibilitamos a elas explorarem os seus próprios caminhos e tomarem as suas próprias decisões.

Você está dando espaço para experimentar outras possibilidades na sua vida?

De acordo com Herminia Ibarra (2009), o maior erro que as pessoas cometem ao tentar mudar de carreira é adiar o primeiro passo até que tenham definido o objetivo. No entanto, muitas vezes precisamos exatamente testar possibilidades para aprender a respeito de nós mesmos:

> Como regra geral, nós dificilmente saltamos para o desconhecido. Ao contrário, construímos uma nova identidade profissional desenvolvendo as vigas mestras e os pilares como "projetos paralelos" – iniciativas extracurriculares que nos permitem testar possíveis identidades sem comprometer os empregos atuais.

Uma vez que você tenha tomado as suas decisões conscientemente, é importante ter a sabedoria de se manter aberto a novas possibilidades.

Uma coisa é você se dedicar a entender qual é o seu caminho e saber que este é um dos percursos certos para você, uma das identidades profissionais que você pode assumir. Outra é tomar como dogma que esse é o único trajeto possível.

Nunca há apenas um caminho, sempre há outras opções. Ainda que muitas vezes uma segunda opção possa trazer muitos desafios, ganhos maiores ou menores. Para algumas pessoas, este é o maior problema: enxergar outras opções.

Você já deve ter ouvido muita gente te provocar com a seguinte frase: "Pense fora da caixa que você irá encontrar as suas respostas". Só que a explicação raramente vai até o fim. O mérito não vem de você ficar onde está hoje e olhar para todos os lados, para "fora da caixa". Não funciona dessa forma. Você tenderá a olhar os problemas sob os mesmos ângulos.

Para fazer isso bem feito, você precisa sair da caixa primeiro e depois olhar para os lados. Então enxergará novas opções.

Uma das pessoas que tive o privilégio de atender como coach era diretor de uma das maiores prestadoras de serviço do país. Ele estava muito bem profissionalmente e tinha uma pequena loja em sistema de *franchising* em paralelo, gerenciada principalmente pela esposa e um pouco por ele nos finais de semana.

Quando me procurou, a sua maior indagação era que não sabia se estava realmente fazendo o que queria. Ele não conseguia se decidir entre investir mais pesadamente na carreira como executivo ou se tornar um empreendedor em tempo integral. Ele realmente precisava passar por um check-up de carreira!

Fizemos alguns exercícios durante as sessões de coaching, especialmente para ajudá-lo a entender o quanto as suas atividades estavam de acordo com os seus valores, a sua missão e os seus objetivos. Algumas indagações foram um pouco incômodas, mas ele se esforçou para encontrar as respostas.

Finalmente, ele acabou entendendo qual era o caminho que desejava trilhar: abriu uma nova empresa na mesma área que atuava tendo como novo sócio um dos diretores da empresa onde trabalhava anteriormente.

Veja que a vida profissional e pessoal dessa pessoa estava bastante equilibrada. Mas ele não era uma pessoa realizada. No entanto, por ter escolhido se questionar profundamente, conseguiu encontrar o caminho da realização.

Precisamos passar por autoquestionamentos periodicamente. Às vezes, eles podem nos causar um pouco de incômodo. Porém, é como uma vacina: pode doer um pouco na hora, mas leva à cura.

Há uma estratégia que eu utilizo com frequência que inicialmente era extremamente incômoda. Mas, com o treino, hoje em dia ela não apenas é prazerosa como tem me rendido bons contatos.

Para que entenda bem a técnica, peço, em primeiro lugar, que pense por um instante em qual posição da sala você costuma se sentar quando entra para assistir a uma aula, palestra ou curso qualquer.

Você perceberá que tende a se sentar sempre na mesma posição. No fundo à direita, na frente bem no meio ou em outra posição. Esse é mais um sintoma que mostra a tendência de vivermos em uma zona de conforto, sem nos desafiarmos.

Se deixarmos os hábitos arraigados conduzirem as nossas ações, serão eles que guiarão a nossa vida. E precisamos ter consciência de nossos atos, desde os pequenos até as grandes decisões de vida. Isso que nos torna condutores de nosso próprio destino.

Da mesma forma, se nos sentarmos em posições parecidas sempre quando frequentarmos algum tipo de curso, estaremos deixando ao acaso o potencial de multiplicarmos os contatos em nossa vida. E cada contato a mais é uma potencial porta que se abre. Para que o hábito de se sentar sempre na mesma região de uma sala não faça com que você perca oportunidades, vou lhe ensinar um exercício que costumo praticar em treinamentos.

Em qualquer aula, palestra ou curso que participar, sente-se em uma posição na qual não está acostumado a se sentar. Se você está acostumado a se sentar atrás à direita, sente-se na frente à esquerda. Você perceberá que a grande maioria das pessoas, senão todas (tirando aquelas que chegam atrasadas e não têm opção), escolhem se acomodar nas mesmas posições de sempre. No entanto, o que você vai fazer quando houver mais de um período de curso será, a cada intervalo, mudar de lugar.

Se você ficar no mesmo lugar o curso inteiro, as pessoas que se sentam ao seu redor serão sempre as mesmas. Isso significa que durante um curso de dois dias inteiros, por exemplo, você terá conhecido melhor umas quatro pessoas, no máximo.

No entanto, se você se dispuser a trocar de lugar a cada intervalo, considerando intervalos de manhã e de tarde e também para o almoço, são 4 períodos de curso por dia. Isso significa que você terá conhecido aproximadamente 8 vezes mais pessoas nos mesmos 2 dias. Ou seja, 32 pessoas. Se houver menos do que 32 pessoas no curso, você conheceu a todas elas, e todas elas sabem quem você é e o que você faz.

Agora eu te pergunto: você fez isso no último curso ou capacitação que frequentou? Se você fez, excelente. Se não fez, comece a se treinar para fazê-lo.

Eu costumo ser "figurinha fácil" nos cursos que frequento justamente por isso. Não paro quieto! Conheço muita gente e muita gente me conhece. É comum eu passar pelos corredores nos intervalos, e o pessoal me cumprimentar. Acabei gostando desse jogo. Encaro hoje como uma gostosa brincadeira.

Você também pode potencializar a sua rede de contatos com essa ação. Vai acabar se acostumando e se divertindo também. Porém, lembre-se de sempre estar com o cartão de visitas em dia e à mão. Nós precisamos trocar o cartão de visitas em todas essas ocasiões em benefício próprio e das outras pessoas.

Na pior das hipóteses, você conhecerá alguém que resultará em um contato profissional ou pessoal futuro. Na melhor delas, um ou mais desses contatos lhe farão sugestões ou convites que poderão mudar a sua vida. E você também poderá mudar a vida de muitas outras pessoas.

Faça isso também pelas outras pessoas. Se poucas pessoas o conhecerem, poucas pessoas terão a possibilidade de usufruir de seus talentos e potencialidades. Saber manter a rede de contatos em dia e em evolução constante é também uma habilidade.

Camargo Guarnieri, um dos mais importantes professores de composição que esse país já teve, costumava dizer: você precisa estar em dia com o contraponto (arte de escrever linhas melódicas concatenadas) para o dia em que a inspiração bater à porta. Então, tenha sempre o cartão de visitas atualizado e à mão. E, para sentir o resultado concreto dessa postura, ouça a "Dança brasileira", de Guarnieri, peça orquestral conhecida internacionalmente, e perceba como é importante ter o material básico em dia e em mãos.

O que a experiência tem me mostrado é que, muitas vezes, de onde menos a gente espera aparecem convites, relacionamentos se fortalecem e amizades são construídas.

Treinar essa visão sentando-se em lugares diferentes durante os períodos de um curso ajuda a gente não apenas a desenvolver a nossa *network*: mas auxilia a desenvolver também novas formas de se enxergar um assunto.

Por mais curioso que seja, preste atenção em uma determinada questão sentando-se no fundo à direita. Depois faça a mesma coisa, acomodando-se na frente à esquerda. Você perceberá que há uma tendência a se enxergar a situação de formas diferentes.

Havia um jovem advogado no início do século XX cujo país estava sob domínio britânico. Aliás, boa parte do planeta era dominado politicamente ou economicamente pelo Império Britânico entre o final do século XIX e início do século XX.

Esse advogado tinha uma forte vontade interior de trabalhar pela justiça e pela igualdade entre os homens. No entanto, apesar de saber demasiado a respeito de seu país, a Índia, muitas dessas informações eram mais teóricas do que realmente práticas. Para lutar contra o dominador, ele aprendeu muito acerca das leis britânicas e lutou pelo que acreditava ser o correto através da justiça.

Ao longo dos anos visitou muitas partes da Índia, conhecendo cada vez mais e melhor a realidade das pessoas que viviam naquela região multicultural e multirreligiosa. Essa prática o ajudou a enxergar as situações sempre de ângulos diferentes.

Com o passar dos anos, ele percebeu que o sistema, totalmente injusto, não mudaria se algo não fosse feito. Então ele provocou a maior revolução pacifista que o mundo já viu.

O que Mahatma Gandhi quis fazer ao tomar essas atitudes? Mudar o mundo? Não, esse não era o seu objetivo inicial. Queria apenas que os britânicos deixassem o seu país e que permitissem aos próprios hindus que administrassem as suas terras. Houve, sim, enfrentamentos, especialmente entre muçulmanos e hindus. Mas a postura de Gandhi foi tão firme e fiel aos seus princípios que até mesmo esses enfrentamentos cessaram.

Por se manter fiel à sua escolha inclusive permitindo-se ser levado para a prisão e fazendo greve de fome, com risco de morte, mais de uma vez na vida, ele mostrou como estava firme e resoluto em suas escolhas.

Gandhi queria apenas que os hindus pudessem ser os próprios gestores de sua terra, mas acabou sendo um dos grandes exemplos da humanidade.

A grande força e importância em se fazer uma escolha e mantê-la é que, ao longo do tempo, o maior beneficiário não é apenas você, e sim toda a comunidade.

Quase sempre grandes CEOs de empresas e corporações só conseguem conquistar essa posição porque são homens de grandes valores. Sei que há certa cultura em enxergar essas pessoas simplesmente como representantes do capital, mas muita gente não conhece o nível de pressão pelo qual esses profissionais passam. Como coach, tenho acompanhado líderes de diversas organizações. Muitas vezes tais poderiam se aposentar depois de cinco anos de trabalho e não ter mais preocupações profissionais pelo restante de suas vidas.

Por que então um CEO escolhe recomeçar em outra empresa, mesmo sabendo que irá enfrentar a oposição e a crítica de pessoas que enxergam diferente dele, dentro e fora da organização?

Muito frequentemente os seus valores estão intimamente ligados à contribuição. A ajudar a construir um mundo melhor. É o mesmo caso de grandes líderes ou grandes estadistas. São homens e mulheres que se dedicam a solidificar novos sistemas e métodos para melhorar a gestão de países, empresas, organizações etc.

Um desses líderes, CEO de uma grande empresa multinacional, que realmente não precisava mais se preocupar com o seu futuro particular, me confidenciou uma vez que a sua maior preocupação naquele momento era a melhora da qualidade de vida das 5 mil famílias que dependiam daquela empresa.

Esses líderes sofrem críticas (e frequentemente pesadas). Quando estão nessa função, não por uma simples sede de poder – o que pode eventualmente acontecer –, mas, sim, porque contribuir faz parte de sua missão, farão tudo o que estiver ao seu alcance para melhorar a vida dos colaboradores da organização para a qual trabalham.

No entanto, tudo o que foi falado acima somente vai acontecer se as decisões da pessoa, seja ela um operário, um arquiteto, uma professora ou um CEO, estiverem embasadas fortemente em seus valores.

Esse é o motivo pelo qual você precisa conhecer profundamente quais são os seus valores. Não é uma mera questão de desenvolvimento pessoal. É uma ação imprescindível para quem quer viver de maneira integral.

CAPÍTULO III

QUEM SOU EU?

*"Tente não se tornar uma pessoa de sucesso,
mas sim uma pessoa de valores."*
Albert Einstein

*"A imagem é uma coisa, e o ser humano é outra.
É muito difícil viver de acordo com uma imagem."*
Elvis Presley

Nós não somos o que falamos que somos. Nós falamos o que somos. Tudo aquilo que existe dentro de nós é tão forte que, mesmo que evitemos, essa essência se mostra para o mundo, evidenciando de que somos feitos. E muitas vezes conhecemos apenas uma parcela de quem somos.

Um check-up de carreira passa imprescindivelmente por entendermos a fundo quem somos. E para isso é essencial fazer uma avaliação de nossos valores e conhecer a nossa missão e propósito de vida.

Aliás, tão importante quanto conhecer quais são os valores mais importantes em nossa lista, é saber qual é a hierarquia deles.

Vamos supor uma lista hipotética de valores com a seguinte hierarquia:

1. Ódio

2. Violência

3. Raiva

4. Tristeza

5. Dor

Nunca ouvi falar de alguém cuja lista de valores fosse como essa acima. Normalmente tenho me deparado com outras listas mais prováveis e que, apesar de parecidas, não são iguais.

Adiante temos exemplos de três pessoas em uma lista inicial de cinco valores ordenados do mais ao menos importante:

Vamos tomar como exemplo o Cidadão 1, cujos valores são:

1. Segurança

2. Amor

3. Contribuição

4. Fé

5. Família

A seguir, vamos tomar como exemplo o Cidadão 2, cuja lista de valores é:

1. Amor

2. Segurança

3. Contribuição

4. Fé

5. Família

E a seguir, os valores do Cidadão 3:

1. Amor

2. Família

3. Contribuição

4. Fé

5. Justiça

Embora sejam listas muito parecidas, podem levar a uma vida totalmente diferente.

O Cidadão 1, cujo primeiro valor é segurança, está sempre atento aos movimentos do mercado e investe com cuidado as suas economias. Ele ama e se ocupa da família. Mas por mais que ame a sua família, tem dificuldade todos os anos para sair de férias porque sente que pode ser demitido, e o seu valor segurança fala mais alto. Consequentemente, sai apenas para pequenas viagens com a família, ano sim, ano não, e sempre preocupado com a data da volta.

O Cidadão 2, cujo primeiro valor é amor, tem grande dificuldade de dizer "não" aos filhos para qualquer pedido. Como segurança vem logo a seguir, embora família também seja um valor importante, ele vive se torturando se deveria investir mais pensando no futuro de todos ou realizar as vontades de todos de sua família no momento presente.

O Cidadão 3, cujos primeiros valores são amor e família, vive para os outros. Mesmo no trabalho, sempre faz tudo o que é necessário para ajudar os colegas, às vezes até mesmo sendo passado para trás. Mas a sua compensação na vida é chegar em casa e estar com a sua família. No final de semana, realiza trabalhos voluntários.

Você conhece pessoas cujo comportamento é parecido com algum dos exemplos acima? Talvez você mesmo?

Em situações emergenciais, entendemos melhor os nossos valores. Nós podemos até ter uma ideia de quais são eles, mas em momentos críticos, de grande felicidade, tristeza, surpresa etc., especialmente durante acontecimentos inesperados, é que sabemos realmente quem somos.

Kevin Costner, importante ator, diretor e produtor de cinema, afirmou certa vez que, quando um momento de definição aparece, você define o momento ou o momento define você.

Perceba que, embora as listas de valores dos Cidadãos 1, 2 e 3 sejam muito parecidas, os três indivíduos agem de forma bastante diversa.

Se os colocarmos em uma situação de risco, possivelmente teremos ações muito diferentes. Vamos supor que as famílias desses três cidadãos estejam em um cruzeiro marítimo. Em situações emergenciais ou de pânico, os valores nutridos como primeiros na escala das pessoas são acessados automaticamente. Se o navio começar a afundar, é possível que tenhamos o seguinte quadro:

O Cidadão 1 ficará em dúvida se vai correr primeiramente para salvar a sua família ou para a cabine, pegar os seus valores no cofre, pois, sem reservas, a sua sensação é que não sobreviverá. Se ele não tiver uma boa percepção de tempo, poderá morrer afogado.

O Cidadão 2 irá imediatamente atrás dos membros de sua família. No entanto, como segurança é o seu segundo valor, ficará pensando o tempo inteiro o que pode fazer para tentar salvar os seus valores guardados no cofre do navio. O tamanho dessa preocupação e a insegurança gerada poderão atrapalhar a sua performance para salvar a si e à sua família.

O Cidadão 3 irá imediatamente pensar em sua família e irá fazer de tudo para salvá-los. Mas, durante esse processo, irá ajudar a todos ao seu redor para que possam se salvar também. A sua vontade em salvar as pessoas pode fazer com que a sua família esteja a salvo, porém, ele próprio acabe perecendo. Caso sobreviva, em algum momento ele vai se lembrar de que tem bens no cofre, quando já estiver fora do navio e seus familiares estiverem a salvo, sem possibilidade de recuperá-los.

A partir dos relatos acima, quero ajudar a clarear o fato de que a maioria das pessoas, durante uma sessão de coaching, acaba revelando ter valores parecidos. As pessoas normalmente citam valores como fé, amizade, Deus, felicidade, amor, família, justiça, caridade, organização, respeito, lealdade, segurança, paz, união, trabalho etc.

Ninguém diz que os seus valores são ódio, violência, raiva, tristeza e dor!

Veja que os valores dos três cidadãos podem ser ótimos se bem vivenciados. No entanto, perceba que, utilizando uma lista de apenas cinco valores, tivemos como consequência uma diferença muito grande nos comportamentos prováveis.

Consequentemente, quanto maior a lista de valores avaliada, maior serão as diferenças de comportamentos verificadas nas pessoas analisadas em uma mesma situação.

As atitudes de cada pessoa são tão diferentes porque a soma de seus valores e, especialmente a hierarquia entre eles, é diferente. Por esse motivo, há um risco muito grande de algumas pessoas começarem a pensar "eu sou assim, os meus valores são esses e por isso eu ajo desta forma".

CUIDADO!

Todo ser humano que quiser mudar determinado tipo de atitude deve começar mudando o grupo de seus valores ou a hierarquia dos mesmos. Quando isso acontece, a pessoa muda também os seus comportamentos, o que a leva finalmente a transformar os seus hábitos.

Há pessoas que sofrem mudanças imensas e, de uma hora para outra, precisam repensar com urgência a sua ordem ou hierarquia de valores. Tive uma colega de curso, extraordinária enfermeira e coach, que era administradora da enfermaria de um dos hospitais mais importantes de São Paulo.

Ela foi pressionada pelo partido que estava no governo municipal, supostamente um partido que defendia os trabalhadores, a assinar um recibo de mais de R$ 300 mil. Esse dinheiro não iria para o hospital, e sim para o partido. E foi dito a ela que era imprescindível fazer assim porque todos faziam e que, se ela não acatasse, seria demitida.

Mesmo adorando a função e o local onde trabalhava com dedicação e reconhecimento de todos, não aceitou ter os valores corrompidos e se recusou a assinar o papel. Foi demitida. Passou dias e dias chorando. Ela sempre amou ser enfermeira e não pôde seguir em seu posto por causa de um partido político corrupto.

Inicialmente ela não conseguiu nenhuma função nova em outro hospital. Várias vezes nos falamos e tentei sempre ajudá-la como coach a enxergar novos caminhos e possibilidades. Ela recebeu propostas de outras áreas, mas ficava deprimida em não poder seguir exercendo a sua paixão: enfermaria. Mas aprendeu a realinhar os seus valores, permitindo-se trabalhar como vendedora, angariando novas habilidades.

Fiquei extremamente feliz quando soube que, após alguns meses, ela havia sido convidada para uma posição como enfermeira novamente e também na área de liderança. E agora estava turbinada com novas habilidades e uma visão mais ampla da vida profissional.

Situações de emergência podem ser muito úteis para o autoconhecimento em tempos de paz e de guerra.

Durante a Segunda Guerra Mundial, o meu avô paterno ficou responsável pela Agril, única fábrica de laticínios de Varsóvia. Naquela época a sobrevivência era um exercício diário.

Ele sempre procurou dar a melhor proteção à sua família e ter uma atividade que pudesse resultar em provento, mesmo durante a guerra. Isso demonstra que segurança era um de seus valores mais importantes.

Sendo russo com sobrenome alemão, gozava de uma ligeira facilidade, em território dominado pelo exército germânico, mais do que a maioria das outras pessoas. Isso não o impediu de passar por inúmeras situações de risco, como quando foi raptado pela Resistência Polonesa e quase foi fuzilado. Nesse específico episódio, ele ficou preso por alguns dias enquanto a Resistência esperava uma resposta vinda de Londres por rádio, comprovando, através de poloneses no exílio, que o meu avô não era colaborador dos nazistas.

Ele sempre cuidou muito bem e protegeu sua família. Este era outro de seus principais valores.

O comando nazista, ao qual todos eram obrigados a obedecer durante a ocupação, havia ordenado que todo os laticínios fabricados pela Agril em Varsóvia fossem enviados para as tropas alemãs. A Agril possuía 10 caminhões que faziam as suas entregas diariamente, além de outros carros puxados a cavalo.

Apesar da sua preocupação como pai e marido com a segurança de sua esposa e filhos, ele desviava diariamente um caminhão de laticínios para as crianças polonesas, arriscando a própria vida e, indiretamente, a vida de sua família. O que comprova que contribuição era outro de seus valores.

Vendo o que os nazistas estavam fazendo com os judeus e com os poloneses, ele adotou uma menina judia que ficou órfã e a protegeu durante toda a guerra. Em uma situação de emergência ele precisou adaptar os seus valores. Contribuição, portanto, estava em sua hierarquia de valores antes de família e segurança, ou, após estes acontecimentos, passou a ficar.

A questão não é que as pessoas TÊM que mudar os seus valores ou a hierarquia deles, ou também que elas NÃO TÊM que mudar. As pessoas têm que CONHECER os seus valores e a hierarquia deles, para fazer as suas escolhas conscientemente.

O ser humano age de acordo com as suas habilidades treinadas. Isso vale para qualquer área e valores. Se uma pessoa treinar sobrepor um valor a outro sistematicamente, em uma situação de emergência ou necessidade de ação imediata, reagirá de acordo com essa hierarquia de valores.

O sentido da mobilidade do comportamento, ou seja, de se estar aberto aos ventos que a vida traz, é de não sermos pessoas com um método único e acreditar que esse é a única possibilidade de ação. Quase sempre há outras opções.

Relembremos o Cidadão 3, exposto anteriormente: se ele nunca tiver feito um trabalho de autoanálise, irá constantemente ter discussões com a(o) cônjuge porque não consegue manter um patrimônio ou porque não sabe fazer investimentos etc. Uma vez que ele(a) se conheça melhor e entenda quais são os seus valores, e como família também é importante, irá possivelmente fazer algum curso ou se informar melhor a respeito de investimentos por amor à sua família.

Conhecer os nossos valores é saber quais são os nossos pontos fortes e quais são os nossos pontos fracos ou desafios ainda não desenvolvidos.

E qual o próximo passo?

Primeiramente devemos enfocar as nossas ações em nossos pontos fortes. É importante explorar ao máximo todas as facetas que os nossos pontos fortes possam nos auferir.

Certa vez atendi a uma pessoa que colocava "organização" como sendo um de seus pontos fortes. Lembro-me de que, durante uma sessão de coaching, ao perguntar quais eram as consequências ou realizações que esta qualidade lhe trazia, ela não soube me dizer mais nada.

Se você tiver dificuldade em enxergar as vantagens que os seus pontos fortes trazem, sugiro a mesma abordagem da técnica que eu apliquei na ocasião: o Jogo dos Contrários!

Comecei a explorar com ela o que aconteceria se não fosse uma pessoa organizada. Eis suas respostas:

> Eu me atrasaria com frequência para chegar ao trabalho, o que provocaria atrasos também no horário de saída.
> Começaria os dias fazendo qualquer tarefa e chegaria ao final dele sem terminar as ações mais urgentes.
> Demoraria mais para fazer o meu trabalho, arriscando não entregar os projetos nas datas certas.
> Teria uma mesa de trabalho bagunçada, sendo um mau exemplo no meu setor e para os meus subordinados.

Depois disso, perguntei a ela:

Baseando-se em suas respostas anteriores, qual é o contrário das ações que você acabou de explicar e quais são as suas consequências?

Ela respondeu:

> Sou pontual, o que faz com que eu sirva de exemplo para todos e consiga gerir bem a duração de minhas tarefas.
> Começo o meu dia de trabalho sempre pelas ações mais urgentes e não perco prazos.
> Organizo o meu calendário de forma a sempre entregar os projetos nas datas certas.
> Não apenas a minha mesa, mas tudo ao meu redor é bastante organizado de tal forma que, se eu fico doente, um assessor consegue encontrar tudo o que é necessário.

Da mesma forma, se você tiver dificuldade de entender os seus pontos fortes, faça o jogo dos contrários.

Outro benefício da aplicação dessa atividade é avaliar com mais clareza e detalhes o processo no setor onde você trabalha quando a produtividade dele estiver oscilando muito ou consideravelmente longe do nível de excelência.

Este jogo pode o ajudar a entender o quanto disso é responsabilidade sua ou não. Se for responsabilidade sua, você saberá onde deve investir as próximas ações para melhorar o próprio desempenho. E se não for, poderá explicar para um superior quais são os elos de ineficiência do setor, baseado em fatos concretos.

Se um chefe ou colega de trabalho vir a contestar uma determinada ação sua, uma vez conhecendo os argumentos para manter a contestação no nível dos fatos, a liderança tenderá a vê-lo com bons olhos. Você passará a ser um solucionador de problemas, o que é o sonho de todo chefe, e um colaborador indispensável!

Esse é um dos motivos porque é tão importante você conhecer bem os seus pontos fracos ou desafios. Uma vez que você tenha feito esta exploração, vale a mesma regra que utilizou para os pontos fortes. Explore-se mais.

A seguir, utilizo o Jogo dos Contrários em um exemplo que tem sido frequente nos atendimentos de coaching em empresas:

Você identificou que um problema seu é a pouca habilidade em se comunicar, mas não enxerga com clareza quais são as ações que poderiam te ajudar a melhorar. Nesse caso, pergunte-se: como você se destacaria se fosse o rei da comunicação?

Adiante, algumas respostas frequentes:
> Faria com que as pessoas quisessem estar sempre comigo.
> Auxiliaria todos ao meu redor a se comunicarem melhor.
> Seria um elo imprescindível no meu setor.
> Seria sempre bem compreendido. Não haveria espaço para desentendimentos por causa de meias-palavras.

Adotando a regra do jogo, analisemos o contrário das ações que você acabou de falar:

> Nem sempre as pessoas querem falar comigo.
> Não sou um ponto de referência na comunicação no meu setor.
> Sou dispensável no quesito comunicação.
> Às vezes percebo que algumas pessoas não entendem como eu penso. (Porque eu apenas penso, não digo!)

Como mostram os exemplos acima, essa ferramenta poderá te ajudar a entender o quanto você está perdendo em eficiência e onde.

Agora que você já pensou um pouco a respeito do assunto, quero que escreva na tabela a seguir todos os seus valores. Não se preocupe com a hierarquia deles. Por enquanto, deixe o espaço à esquerda em branco e escreva tudo aquilo que é essencial na sua vida, que faz você viver, sem o qual a vida não vale a pena, no espaço à direita.

Na minha experiência como coach e mentor de executivos e empreendedores, percebo que muitas vezes os principais valores não são os primeiros a virem para fora. Por isso você precisa escrever oito valores seus, para que possamos selecionar depois os cinco ou três mais importantes. Mas não pense nisso agora. Deixe-os apenas vir para fora. Complete a lista com oito deles e não vá adiante enquanto não tiver completado a lista, ok?

MEUS VALORES (1):

1.	
2.	
3.	
4.	
5.	
6.	
7.	
8.	

Volte à lista MEUS VALORES (1) e coloque um número à esquerda de cada um deles, organizando sua hierarquia. Revise quantas vezes precisar até ficar contente com o resultado. Mas seja muito honesto consigo mesmo. Procure entender quais seriam as suas atitudes preferenciais, como no exemplo dos Cidadãos 1, 2 e 3.

Quais foram as razões que te levaram a numerar os valores acima da forma como você numerou?

As mesmas razões que fazem um pai acordar às 05 horas da manhã para levar os filhos para a escola durante anos a fio. Ou que faz uma pessoa estacionar o carro, sair dele e ajudar uma pessoa idosa a atravessar a rua. Ou que faz alguém investir 10% de tudo o que ganha por mês, mesmo que isso signifique não ter nenhum dinheiro para qualquer tipo de lazer naquele período.

Aquilo em que você acredita mais profundamente é representado pelos seus valores. Os de uma pessoa são tão importantes que a fazem escolher as suas ações como se fossem um dever.

As ações que as pessoas executam como encargo, incumbência ou até mesmo dever, geradas pelos seus valores, fazem parte de sua missão.

Essas ações estão presentes tanto na vida pessoal quanto na vida profissional. Apesar de sentirmos no âmago de nosso ser a força de nossos valores, às vezes é possível acontecer de tomarmos uma atitude impensada, indo contra esses mesmos valores. Quando isso acontece, costumamos nos sentir muito mal, porque estamos indo contra a nossa própria essência.

Outras vezes o problema não é tão profundo. É simplesmente uma questão de uma habilidade ainda não desenvolvida ou pouco desenvolvida. Esses problemas costumam gerar desafios para as organizações.

Em meus atendimentos como coach, tenho conhecido pessoas com os mais variados tipos de desafios. Eis alguns exemplos:

› Os meus diretores não se comunicam.
› Um de meus diretores está sempre me desafiando.

> O meu CEO não me dá liberdade para trabalhar.
> A empresa tem imprimido metas irreais.
> Cada dia está mais difícil conviver com o meu sócio.
> Quero deixar um legado, mas não sei por onde começo.
> A empresa não reconhece o meu valor.
> O meu sócio me enganou.
> Sou um profissional de alto desempenho, mas não consigo subir na hierarquia.
> Tenho certa estabilidade no emprego, mas não estou realizado.
> Sei fazer muito bem a minha função, mas quero viver fazendo outra coisa.
> Não consigo me relacionar bem com os meus colegas de trabalho.
> Não tenho tempo para as pessoas que realmente importam para mim.
> Um de meus colaboradores está minando a boa vontade da equipe.
> Um dos líderes da empresa é extremamente estrategista e joga com as pessoas.
> Etc.

Apesar das questões acima estarem ligadas basicamente à vida profissional, todos somos a soma de algumas partes. Isso significa que não é possível analisar a vida profissional sem fazer pelo menos uma pequena análise da vida pessoal junto.

Na verdade, o que acontece com as pessoas é que elas não sabem se estão vivendo plenamente a sua missão pessoal e profissional. E por não saberem isso e muitas vezes desconfiarem que não a estão vivenciando, não se realizam.

Se um diretor não se comunica bem com outro em determinada empresa, mas o CEO tem segurança de estar realizando o melhor para a sua organização, ele não vai ficar deprimido ou doente por causa disso. O CEO vai procurar soluções ou mentores e coaches que possam ajudá-lo com o problema. Talvez peça aos seus diretores para passarem por um processo de coaching, por exemplo, gerenciando a questão de longe, enquanto dedica o seu tempo a outros assuntos.

Mas, se o CEO não está vivendo a sua missão plenamente, ele pode começar a achar que a culpa é dele e permitir que isso afete a sua performance.

O que vale para o CEO, vale para todos os colaboradores, para uma dona de casa e para o estudante de uma faculdade. Se uma pessoa não tem certeza de estar vivendo a sua verdade mais profunda, ela poderá começar a achar que todos da sua geração sabem o que querem da vida e se realizam enquanto somente ela está perdida na vida.

Os exemplos são inúmeros. Há tantos deles quanto há seres humanos.

Então o que devemos fazer para vivermos plenamente a nossa missão sem nos arriscarmos em nos perder no meio do caminho?

Um bom começo é investigar o que pode ser a nossa missão pessoal e profissional. Para tanto, vou pedir a você para preencher as linhas abaixo.

Quais são os seus pontos fortes, as suas grandes habilidades?

O que você enxerga que sejam as características que mais estão te ajudando hoje?

Preencha com pelo menos oito características. É importante você se concentrar nelas e ter certeza de que as mais importantes vieram à tona.

MINHAS CARACTERÍSTICAS/HABILIDADES (2):
_____
_____
_____
_____
_____
_____
_____

Vamos supor que você tenha preenchido em MINHAS CARACTE-RÍSTICAS/HABILIDADES (2): comunicação, sensibilidade e presteza.

Vamos entender mais a fundo a razão pela qual você enxerga que tem determinada característica. A próxima pergunta será: qual é a minha ação frequente que comprova para mim que eu sou uma pessoa (do meu exemplo acima) comunicativa?

A seguir, eu respondo, por exemplo, que a ação frequente que comprova essa característica é: "Eu sempre converso com as pessoas, onde quer que eu esteja". Ou seja, *sempre falar com as pessoas onde quer que eu esteja* é a ação que comprova para mim a minha característica de ser uma pessoa comunicativa.

E sigo para o próximo item: qual é a minha ação frequente que comprova para mim que eu sou uma pessoa sensível?

Respondo: "Eu sempre presto atenção nas pessoas, não importa quem seja."

E, finalmente: qual é a minha ação frequente que comprova para mim que eu sou uma pessoa prestativa?

Eu respondo: "Procuro estar sempre à disposição dos outros."

Você percebeu que eu fiz a mesma pergunta para cada uma das três características que eu havia mencionado acima, certo?

Baseado em minhas respostas, devo preencher as linhas abaixo com as três respostas acima, da seguinte forma:

AÇÕES QUE COMPROVAM AS MINHAS CARACTERÍSTICAS (3):

Sempre falar com as pessoas, onde quer que eu esteja, sempre prestar atenção nas pessoas, não importa quem seja, e procurar estar sempre à disposição dos outros.

No meu exemplo, utilizei apenas três características para facilitar a leitura. Faça agora o mesmo exercício para as suas oito ou mais características e habilidades e preencha abaixo:

AÇÕES QUE COMPROVAM AS MINHAS CARACTERÍSTICAS (3):

_____
_____
_____
_____
_____
_____
_____
_____
_____
_____
_____
_____
_____
_____
_____

O próximo passo será você fazer uma pequena viagem mental. E para isso eu preciso pedir que se concentre e que esteja em um ambiente favorável. Encontre um local onde você não venha a ser interrompido e possa se dedicar totalmente. Quando tiver terminado o exercício, abra os olhos e anote no papel o que viu.

De olhos fechados (preferencialmente), você vai enxergar uma tela na sua frente como se fosse uma tela de cinema. Nela, você vai se enxergar daqui a 12 meses, realizando ações que te deixam muito realizado na sua vida profissional.

Após a realização da mentalização, escreva:

SONHOS E METAS NA MINHA VIDA PROFISSIONAL PARA DAQUI A 12 MESES:
_____
_____
_____
_____
_____
_____

Uma vez terminada a redação anterior, repita o processo mental para a vida pessoal e escreva:

SONHOS E METAS NA MINHA VIDA PESSOAL PARA DAQUI A 12 MESES:
_____
_____
_____
_____
_____
_____

MINHA META FINANCEIRA PARA DAQUI A 12 MESES:
_____
_____
_____
_____
_____
_____

Tendo preenchido todos os itens, você vai agora voltar para as suas oito características e escolher quais são as **três**, entre elas, que mais contribuirão para a realização dos sonhos e metas que você redigiu há pouco.

Como próximo passo, escolha **três** ações que comprovem as suas características. Serão as ações, entre as oito redigidas, que mais contribuirão para a realização de suas metas.

ATENÇÃO: Note que as ações e as características, embora as primeiras sejam consequência das segundas, não precisam estar obrigatoriamente conectadas em suas escolhas. Ou seja, se eu disser que "amar ao próximo" é a ação que comprova a minha característica "ser amável", eu posso entender que a ação "amar ao próximo" está entre as três mais importantes para mim e a característica "ser amável" não está entre as três características mais importantes para mim.

Uma vez que você tenha preenchido todos os itens acima, irá aglutinar os materiais em um único parágrafo, da seguinte forma:

A MINHA MISSÃO É SER UMA PESSOA (CARACTERÍSTICA 1),(CARACTERSÍTICA 2) E (CARACTERÍSTICA 3) ATRAVÉS DE (AÇÃO 1),(AÇÃO 2) E (AÇÃO 3), A FIM DE (SONHOS E METAS PROFISSIONAIS) + (SONHOS E METAS PESSOAIS) + (META FINANCEIRA).

Supondo-se que eu tenha respondido:
Meta profissional: ser um profissional reconhecido na minha área nacionalmente.
Meta pessoal: conviver com os meus filhos todos os fins de semana.
Meta financeira: renda de R$ 20 mil por mês.

Baseada nessas respostas, a minha missão ficará descrita assim:

RESULTADO DO EXEMPLO 1:

A MINHA MISSÃO É SER UMA PESSOA COMUNICATIVA, SENSÍVEL E PRESTATIVA, ATRAVÉS DE SEMPRE FALAR COM AS PESSOAS E PRESTAR ATENÇÃO NELAS E PROCURAR ESTAR SEMPRE À DISPOSIÇÃO DOS OUTROS, A FIM DE SER UM PROFISSIONAL RECONHECIDO NA MINHA ÁREA NACIONALMENTE, CONVIVER COM OS MEUS FILHOS TODOS OS FINS DE SEMANA E GANHAR R$ 20 MIL POR MÊS.

Para facilitar a compreensão desse exercício, vou reproduzir adiante as respostas de outro exemplo:

EXEMPLO 2:

QUAIS AS SUAS PRINCIPAIS CARACTERÍSTICAS/HABILIDADES?

Comunicação
Alegria
Proatividade
Didatismo
Honestidade
Persistência
Trabalho
Amizade

QUAIS SÃO AS AÇÕES QUE COMPROVAM AS SUAS CARACTERÍSTICAS:

Comunicação: Sempre consigo me comunicar com quem está ao meu lado, quer seja em um congresso, quer seja na fila do supermercado.

Alegria:	Amo a vida. Mesmo quando há problemas, consigo enxergar o lado bom dela.
Proatividade:	Nunca estive sem atividades em minha vida. Amo estudar e trabalhar.
Didatismo:	Quando preciso explicar algo a uma pessoa, ela gosta da forma como eu explico.
Honestidade:	Falo a verdade sempre, mesmo que doa para a outra pessoa. Tento ser gentil, mas não escondo a minha opinião.
Persistência:	Sigo em frente em meus objetivos, mesmo quando outras pessoas me aconselharam a desistir. Persisti e tive sucesso em algumas destas ocasiões.
Trabalho:	Trabalho 12 horas por dia quando é necessário.
Amizade:	Cultivo algumas amizades há décadas.

SONHOS E METAS NA SUA VIDA PROFISSIONAL PARA DAQUI A 12 MESES:

Finalizar os preparativos do meu casamento, firmar novas parcerias comerciais, iniciar um mestrado e ter uma renda mensal de R$ 5 mil.
Escolhendo as três principais características e as três principais ações:

SUAS TRÊS PRICIPAIS CARASTERÍSTICAS SÃO:

Persistência, Comunicação e Honestidade.

AS TRÊS PRINCIPAIS AÇÕES QUE COMPROVAM AS CARACTERÍSTICAS SÃO:

Enxergar o lado bom da vida, seguir em frente em meus objetivos, cultivar as amizades.

Utilizando a mesma forma com a qual construímos a missão no EXEMPLO 1, o resultado para o EXEMPLO 2 é:

A MINHA MISSÃO É SER UMA PESSOA PERSISTENTE, COMUNICATIVA E HONESTA, ATRAVÉS DE ENXERGAR O LADO BOM DA VIDA, SEGUIR EM FRENTE EM MEUS OBJETIVOS E CULTIVAR AS AMIZADES, A FIM DE FINALIZAR OS PREPARATIVOS DO MEU CASAMENTO, FIRMAR NOVAS PARCERIAS COMERCIAIS E INICIAR UM MESTRADO E TER UMA RENDA MENSAL DE R$ 5 MIL.

A autossugestão nos ajuda imensamente a realizar nossos sonhos e a atingir nossas metas. Por isso, a minha sugestão é que, após fazer esse exercício, você imprima o resultado, que é a sua missão adaptada para o momento atual, e a deixe em algum local onde possa ler diariamente. Se o resultado não representa a sua missão atual, refaça o exercício com muita honestidade, porque possivelmente você respondeu algo que não é a mais fidedigna expressão de seu eu do momento.

Certa vez eu ouvi um psicanalista explicar que temos experiências sexuais durante toda a vida. A experiência sexual para o bebê é o toque que ele tem no corpo da mãe. Durante a mais tenra infância, a sua experiência sexual é o seu toque em seu próprio corpo. Mais tarde ele segue conhecendo as outras funções do seu corpo, e assim por diante.

Da mesma forma, também a nossa missão se adapta aos diferentes momentos de nossa vida. Isso não significa que ela muda ou que nós mudemos radicalmente. Mas as fases de nossa vida são muito diferentes. É a mesma comparação do que é a vida sexual de um bebê e a sua vida sexual na idade adulta.

É imprescindível termos sabedoria ao interpretar a nossa missão e adaptá-la aos diferentes períodos de nossa existência.

Uma pessoa que tenha a missão pessoal e profissional como a grafada anteriormente sempre se importará com o contato com os outros.

A missão dela deixa claro o quanto isso é importante para ela. Mas como isso se dá pode ser bem diferente, dependendo da fase em que vive.

Uma pessoa com essa missão pode ser alguém que faz muitos amigos na época da faculdade, frequentando festas e participando de grupos de atividades paralelas.

Depois de uns dez anos, no entanto, como a sua preocupação esteve sempre nos outros, a sua carreira pode não ter decolado, e ela vai precisar desenvolver novas estratégias para se reinventar profissionalmente.

Ao alcançar a terceira idade, ela estará bem porque investiu nas pessoas, e a maior preocupação do ser humano quando envelhece é a rede de relacionamentos que criou e o quanto amou e foi amado.

Mas será que é possível viver a missão pessoal e profissional plenamente durante toda uma vida?

Veja que as mesmas características podem ser extremamente úteis para algumas funções e danosas para outras.

Assim, mais do que nunca, conhecer a própria missão pode ser uma ferramenta de enorme valia. Muitas pessoas se preocupam muito com o futuro. Essa preocupação pode até existir, contanto que não ocupe e bloqueie a mente. Enquanto é uma preocupação no sentido de prover a nós mesmos uma aposentadoria confortável, tudo bem. Mas não podemos fazer de todos os nossos passos uma preocupação com o futuro. Se fizermos assim, quando o futuro chegar, ainda estaremos preocupados com ele. E será sempre assim.

Por outro lado, viver da melhor maneira todos os instantes da vida e conhecer a própria missão é sinal de sabedoria.

Finalmente, falta entendermos que, mesmo que conheçamos bem a nossa missão, não significa que saberemos tudo a respeito de nós mesmos. Essa é uma busca constante.

E, por mais detalhada que esteja a de uma pessoa, ela ainda assim é apenas um norte, algo a ser atingido, a ser cumprido.

O que faz com que nós tenhamos essa sensação de missão a cumprir é a percepção de algo maior do que ela, de algo que nos faz ir em uma mesma direção sempre, ainda que haja desvios no caminho. Estou falando de nosso propósito de vida.

O propósito é aquilo que queremos alcançar, a nossa finalidade maior. É o resumo de tudo aquilo que se pretende realizar. Por isso, o propósito de vida não costuma ser redigido em uma longa sentença como pode acontecer com a missão.

Muito frequentemente, quando passo pela verificação dos valores e da missão nos meus atendimentos como coach e até mesmo como mentor, ao perguntar para as pessoas o que elas alcançarão ao conseguirem realizar a sua missão, ouço palavras como felicidade, realização e plenitude – é isso que as pessoas querem alcançar em sua aventura humana.

Por esse motivo, é bom ter claro quais são os nossos valores, qual é a nossa missão e qual o nosso propósito de vida. É como uma longa viagem: se eu sei o que me motiva a ir, o que eu vou aprender ou ganhar com a jornada e para onde eu vou, tudo faz sentido, e a própria viagem se torna um exercício pleno.

Por outro lado, quando não existe essa clareza, há o risco de perdermos muita energia no caminho, de nos desestimularmos e até mesmo de nos questionarmos se a viagem está valendo a pena.

Tomemos o exemplo de uma pessoa que entende que a sua missão é salvar vidas e se dedica a uma carreira de médico em clínicas e hospitais ou de bombeiro. Essa pessoa também entende que o valor família é essencial para si. Ela constitui uma, o que a realiza no campo pessoal. Mas, no fundo, ela tem a sensação de que falta alguma coisa. Essa pessoa sente que precisaria construir algo a mais, algo diferente. Em algum momento de sua vida, provocada por algum pensamento ou acontecimento, entende que quer criar uma ONG para atender pessoas carentes, aumentando a sua ação social.

Embora ela estivesse realizando a sua missão pessoal e profissional, foi quando entendeu que precisava ter maior ação social que começou a realizar mais profundamente o seu propósito de vida.

Tomemos outro exemplo, o de uma encarregada pelo setor de uma empresa química. Ela sempre foi muito competente e até procurou muito honestamente desenvolver habilidades para gerir pessoas, embora não tenha subido muito na hierarquia da empresa, pois, apesar de conhecer tecnicamente tudo muito bem, nunca se sentiu totalmente à vontade naquele ambiente. Nos feriados e nas férias, viajava sempre para o campo. Mas apenas quando estava perto de sua aposentadoria entendeu que o seu propósito de vida estava ligado a construir no campo e não na cidade. Comprou uma chácara e passou a desenvolver uma nova atividade.

O meu irmão cursou uma excelente faculdade de engenharia e fez pós-graduação em administração, além de vários outros cursos e especializações. Tem uma excelente carreira como gestor e líder de projetos. Após quatro décadas de vida, ele me surpreendeu como autor literário. Foi uma grande alegria quando li *O projeto secreto de Einstein* (2005), de sua autoria, um saboroso e divertido romance, muito bem escrito e baseado em fatos históricos. Certamente, no propósito de vida dele há algo além de gerir projetos e empresas.

Muitas vezes atendo pessoas que fazem descobertas gigantescas durante uma sessão de coaching. É especialmente emocionante perceber o momento quando *cai uma ficha* enorme, e a pessoa fica com cara de nabo por alguns instantes... É como se um novo mundo se abrisse. E, a partir daquele momento, ela passa a entender melhor os seus propósitos de vida e a se programar para viver a sua vida plenamente.

Certa ocasião, eu atendi a uma executiva de uma empresa que está entre as líderes em sua área. Claro que se tratava de uma profissional de alta performance. Ela mostrava infelicidade em sua vida profissional. Logo em sua primeira sessão, surgiram muitas novas ideias. O curioso foi que já na segunda ela tinha certeza absoluta do que iria fazer a partir do processo de coaching: ser instrutora de yoga. Ela utilizou o restante de seu processo para planejar as ações futuras para fazer a transição de uma área para a outra, aos poucos.

O importante é que ela se permitiu explorar profundamente o que havia dentro de si. E isso a levou a um caminho de prosperidade. E, como ela fez isso com tranquilidade, pôde inclusive planejar todos os passos para que a transição fosse tranquila.

Entender a própria missão em detalhes e conhecer a fundo o nosso propósito de vida nos traz clareza e paz. Por outro lado, seria muito lamentável perceber num determinado dia na vida que deixamos passar uma parte dela sem realmente vivê-la.

E será uma grande fonte de paz e alegria se percebermos num determinado dia que, independente do quanto conseguimos alcançar, investimos o nosso tempo e a nossa energia naquilo que nos realizava!

CAPÍTULO IV

O MELHOR PRESENTE

> "Um pedaço de pão comido em paz é melhor
> do que um banquete comido com ansiedade."
> *Esopo*

A palavra "presente" vem do latim *praesens* e se refere ao "que está à vista" ou a "quem assiste pessoalmente". Logo, para se vivenciar o presente, é importante fazer contato com o que está à volta.

Por outro lado, para haver interação com o mundo, é necessário que uma pessoa aja ou pelo menos que assista ativamente ao que se passa, desenvolvendo relações e ideias.

Qual é verdadeiramente a importância de se viver no tempo presente?

Será que uma pessoa desconectada de si mesma consegue estar conectada ao tempo e às ações?

Em qual proporção nós estamos assistindo a vida ou participando dela?

Quantas vezes a sua mente foge do tempo presente porque você não se sente no direito de realizar um sonho ou porque é mais fácil assim do que encarar assuntos complexos e difíceis?

Procure se lembrar: já aconteceu com você de, em determinados momentos, sentir que a vida está passando ao seu redor e que você não está fazendo parte dela?

O quanto você quer ser o diretor deste filme chamado "minha vida"?

Todos nós temos o direito de buscar as nossas realizações. O mundo só é da forma como nós o enxergamos e vivemos porque todos nós estamos nele. Se ele estivesse sendo habitado hoje apenas por pessoas de 20 anos de idade ou menos, ele seria totalmente diferente. Se ele estivesse sendo habitado apenas por pessoas com mais de 50 anos de idade seria completamente diferente. O mundo é como é porque todos nós estamos aqui. Cada um de nós.

Cada um é parte desta grande orquestração universal. E essa música que nos harmoniza não é possível de ser tocada no passado ou no futuro. Ela está acontecendo neste exato momento.

Muitos de nós temos a tendência de sofrer de nostalgia (focar a energia no passado) ou ansiedade (focar a energia no futuro).

Quem tende a pensar muito no passado passa a desenvolver um comportamento nostálgico. Você deve conhecer pessoas (talvez você mesmo?) que dizem o tempo todo que "bom mesmo era no meu tempo", como se não estivessem vivas no tempo presente.

Os meus filhos com frequência me provocam com algumas observações do tipo "mas no seu tempo era diferente, né, pai?", e eu sempre respondo a mesma coisa: o meu tempo é agora!

Uma coisa é eu poder ou não ter mais afinidade com a música dançante dos anos 1970 ou 1980, se eu passei a minha adolescência naquela época, e outra coisa é eu vir ou não a gostar da música dançante criada nas décadas posteriores. Mas nenhuma das opções me exclui de um tempo ou de outro, se eu vivi ou vivo neles.

Ou seja, a despeito dos jogos que algumas pessoas fazem com amigos e parentes de outras gerações, todos são parte integrante do universo como ele é.

Qualquer cientista irá concordar que, para que um experimento ou uma análise sejam válidos, é preciso que se levem em consideração todas as possibilidades e variáveis para que o resultado seja acurado.

Muita gente acredita que depois dos 40 anos de idade já é um caos gerenciar a própria carreira. Na verdade, nós somos levados a acreditar nisso. Estatísticas nos são mostradas, e acabamos tomando isso como certo e fazendo dessa uma crença pessoal.

No entanto, também podemos criar estatísticas que provam que pessoas mais jovens erram mais e, portanto, geram mais despesas para as empresas. É possível analisar estatísticas e fomentar todo tipo de crença através delas. E é plausível fazer uma análise particular do mundo e criar as próprias crenças. É o que todos os grandes empreendedores fizeram.

Então não existe isso do seu tempo e do meu tempo. A não ser que eu esteja me referindo a uma figura histórica já falecida e queira comparar a época dela com outro período.

A única forma de dizermos que um tempo foi melhor do que o outro é se incluirmos nessa comparação um ou mais parâmetros. Por exemplo: a qualidade do ar era melhor há cinquenta anos nas grandes cidades. Ou: hoje em dia a qualidade da nitidez nos aparelhos eletrônicos é muito melhor do que há cinquenta anos.

Se tomarmos como termo de comparação as condições médias de igualdade social mundial, saúde e saneamento, será que é melhor ser plebeu hoje ou era melhor ser monarca alguns séculos atrás?

Por mais vontade que alguém tenha de ter conhecido Cleópatra ou de querer estar presente no primeiro voo tripulado para fora da Via Láctea, é no tempo presente que conhecemos e construímos a nossa realidade.

Na minha experiência como coach, tenho recebido um número muito expressivo de pessoas que não apenas se dedicam a ter metas e fazer um bom planejamento, mas praticamente mantêm a sua mente no tempo futuro.

Alcançar objetivos está ligado não apenas a atingir metas para galgar degraus, mas principalmente ao quanto conseguimos aprender a respeito de nós mesmos. Não adianta pagar todas as contas se não tivermos com o que pagar a maior de todas: sabermos para que existimos.

Muitos de nós estamos tão preocupados com o dia a dia, em como pagar as contas no final do mês, em como bater as metas profissionais e em como garantir tempo para as pessoas que amamos, que simplesmente não vivemos a vida, nós a antecipamos.

Certamente você conhece uma ou mais pessoas que costumam ter todo o tipo de remédio em casa para o caso de uma emergência de estômago, fígado, rim, olhos, nariz etc. E essa mesma pessoa não sofre de nada disso. Os remédios saem da validade, são jogados fora sem uso e outros novos são comprados e colocados no lugar.

Da mesma forma que uma pessoa pode antecipar doenças que nunca virão, poderá antecipar uma catástrofe patrimonial investindo tudo o que ganha em um determinado fundo sem nunca ou muito raramente investir em uma viagem para si ou para a família.

Uma coisa é eu ter em casa dois ou três remédios de uso mais frequente ou até remédios mais leves como um analgésico e um antiácido. Outra coisa é eu ter uma pequena filial da farmácia em casa.

Se eu não aproveitar o tempo presente, e gastar a minha saúde física e mental me habituando a conter todos os recursos adquiridos, será que vou ter saúde ou até mesmo me permitir aproveitar esse suposto patrimônio quando chegar a hora?

Aliás, será que eu vou sobreviver até lá?

Tenho atendido pessoas que estão principalmente na faixa intermediária entre os *baby boomers* e a geração nascida após os anos 1990. Para os *baby boomers*, nascidos logo após o término da Segunda Guerra Mundial, ter um emprego fixo é muito importante. Eles cresceram nutridos pelo valor segurança, tão volátil durante as guerras.

Estão diagnosticadas após a geração dos *baby boomers* as gerações x, y e z. Após o ano 2000, já se fala, inclusive, em uma geração alpha. O que vem ficando patente nessas últimas gerações é a sua tendência à não socialização, afinal, os jovens estão crescendo cada vez mais com a companhia dos inventos eletrônicos e digitais em detrimento do contato humano.

Outro fator muito presente nas novas gerações é que elas querem a resposta "pra já", da mesma forma que o seu utensílio cibernético costuma fornecer.

Só que eles mesmos não percebem que podem até aprender tecnicamente a lidar com as engenhocas, mas que não amadurecem na mesma velocidade em que elas são criadas.

Estamos vendo uma geração de jovens profissionais que não conseguem trabalhar em grupo e até mesmo saem da empresa ao primeiro sinal de que suas necessidades não estão sendo satisfeitas. O valor felicidade está na crista da onda.

Quem está mais correto, o *baby boomer* ou as últimas gerações?

Entendo que a virtude está no meio. Se não nos precavermos de nada, qualquer intempérie irá nos derrubar, mas, por outro lado, se ficarmos o tempo todo pensando nos infortúnios e nos preparando apenas para eles, deixamos de viver e de aproveitar o que a vida tem de mais bonito. E o que vamos enxergar no mundo são apenas as tragédias, quando há muito mais do que isso.

Muitas vezes nós queremos produzir mais tempo futuro investindo o tempo atual em ações que supostamente nos garantam esse superávit temporal. O grande problema desse tipo de comportamento é que deixamos a vida passar. É como se todos a vivessem, menos nós. E um dia descobrimos que se passaram vários anos sobrevividos, e não vividos.

Para que isso não aconteça e para que não haja essa sensação de perda, frustração e de desperdício da vida, precisamos ajustar as nossas ações ao tempo presente.

Aprendi uma lição de sabedoria na dosagem do tempo com os grandes compositores de ópera da história. A abertura de uma ópera normalmente traz um resumo da obra inteira, nela são apresentados aqueles que serão os temas principais da trama e, muito frequentemente, dos próprios personagens. Ouça, por exemplo, a abertura da ópera *Carmen*, de Georges Bizet, e seus célebres temas.

É como se nos fosse dada a oportunidade de entender superficialmente a obra como um todo para, a seguir, a história nos ser contada em detalhes.

Não sabemos como será o final de nossa vida para podermos ter certeza de que determinado acontecimento fará parte dos momentos mais importantes dela. Há algumas situações em que desconfiamos que determinados momentos estarão na seleção dos melhores de nossa vida, como um casamento, o nascimento de um filho ou uma realização profissional muito representativa.

Entretanto, de maneira concreta, não podemos fazer isso com a nossa vida. Mas há uma forma de verificarmos se há algum momento muito importante no qual não estamos prestando atenção ou até mesmo do qual não temos conhecimento.

A relevância de passar por esse exercício é não permitir que algo essencial fique relegado a um segundo plano.

Se você fizer esse exercício consigo próprio, indo para o futuro mentalmente e olhando para trás, será que conseguirá identificar todos os momentos que gostaria que tivessem sido os grandes destaques de sua vida?

Você está se permitindo construir esses momentos em sua vida pessoal e em sua vida profissional?

Há sonhos e metas que são atingidos no curto prazo, outros no médio prazo e outros no longo prazo. Precisamos ter a argúcia de construir todos ao mesmo tempo.

Alguns objetivos são alcançados com uma ou poucas ações, como a compra de um eletrodoméstico, por exemplo. Outras requerem muitas ações combinadas ao longo de anos, como educar um filho, por exemplo. Para gerenciar objetivos concomitantes com prazos diferentes, precisamos de paciência e inteligência.

Não há melhor presente do que aquele que vivemos. Mesmo que haja problemas sérios e até catastróficos nele. A nossa energia de construção precisa estar no tempo presente. Eis a importância de enfocar a ação pessoal no autoconhecimento. Relembrando Sócrates: *Conhece-te a ti mesmo.*

As pessoas mais sábias são aquelas que têm a consciência de onde estão colocando a força de seu foco no momento em que o fazem. Essas pessoas, por conseguirem ter essa percepção, conseguem alterar suas ações imediatamente.

Normalmente essas mesmas pessoas conseguem ter consciência de seus sentimentos no momento em que afloram.

Tive uma namorada que desenvolveu uma ferramenta que se mostrou muito útil para ela. Havia momentos em que ela ficava mais irritada e agressiva do que normalmente e percebia que estava tendo reações fora de seu padrão de personalidade. Até aí, muitos de nós percebemos que agimos de forma diferente da que gostaríamos. A sabedoria dela estava em imediatamente pensar se estava no período mensal quando os hormônios estavam alterados. E, se estivesse, modificava imediatamente o seu comportamento, alterando o resultado final da situação na qual estava envolvida.

Isso é sabedoria: ter a consciência de seu tempo e de seus sentimentos no momento em que eles ocorrem.

Certa vez um jovem escoteiro chegou para o seu mestre e perguntou:

– Mestre, como o senhor definiria a diferença entre amor e ódio?

O mestre, que estava sentado, após pensar brevemente, começou a responder, sem se levantar:

– Logo se vê que a pergunta vem de um jovem sem nenhuma instrução ou educação. Acho que em anos e anos de escotismo nunca ouvi algo tão ridículo vindo de um escoteiro. E quem você acha que eu sou, um psicólogo? Se é assim, vou começar a cobrar muito caro pelos meus conselhos. Mas você não vai ter dinheiro para pagar, vai?

O sangue do jovem foi subindo, e ele mal se conteve quando cerrou os punhos, ficou vermelho e parecia que iria avançar em direção ao mestre. Então o mestre calmamente virou para ele e falou:

– Isso, meu jovem, é ódio.

O jovem parou imediatamente, percebendo a sua tola reação e a sabedoria incluída na lição prática que o mestre acabara de provocar. Respirando profundamente, o jovem, envergonhado, abaixou a cabeça e disse:

– Peço perdão, mestre. Eu quase perdi o controle porque não percebi a profundidade do seu ensinamento.

Ao que o mestre respondeu carinhosamente:

– E isso, meu querido jovem, é amor.

Quando temos a consciência de nossos sentimentos e do foco de nossa energia, vivemos em confluência, ou seja, fluímos com a vida. E, para ter esse nível de consciência de nossos sentimentos, é importante dominar o maior número possível de aspectos de inteligência emocional.

Os cinco domínios da inteligência emocional são: conhecer as próprias emoções, lidar com elas, motivar-se, reconhecer emoção nos outros e lidar com relacionamentos.

Todos são importantes, mas um deles é a mola propulsora que nos ajuda a manter a força produtiva em ação: *motivar-se*.

Manter a motivação ativa significa não permitir que o seu foco mude de lugar ou tempo. Representa não permitir que sentimentos contraproducentes tomem conta do seu cotidiano.

Algumas pessoas reclamam de não conseguir dominar os próprios sentimentos. Dizem conseguir fazer isso apenas eventualmente. É fato que nem sempre é fácil, mas a excelência é conseguida por meio do treino. Se você ficar atento para as situações quando potencialmente brotam sentimentos que quer ou que não quer que aflorem, terá mais controle sobre eles.

Quando uma pessoa entende o sentimento no momento em que ele ocorre, consegue ter alta performance em todos os cinco domínios da inteligência emocional. Ter domínio dos sentimentos ou, pelo menos, saber gerenciá-los e não ser gerenciado por eles, nos dá a capacidade de desenvolver várias ações consecutivas com bom desempenho.

Isso nos leva a um círculo virtuoso onde tudo flui: seguir os objetivos com controle gera boas ações, e as boas ações geram controle sobre os nossos objetivos. Uma pessoa que sente ter o controle de sua vida em suas mãos está sempre motivada a novas ações.

Ao longo do tempo, quando nos treinamos para atingir uma alta performance em determinada ação, entramos em um fluxo de ações interligadas que parecem ser uma coisa única. Essa capacidade de entrar em fluxo possibilita que tenhamos desempenho acima da média.

Sempre houve problemas e tragédias na história da humanidade. E as pessoas das quais nos lembramos com mais admiração são normalmente aquelas que souberam aprender com os desafios e acabaram por legar seus ensinamentos às gerações futuras.

Porém, perceba que, enquanto viviam, não eram ensinamentos, e sim vivência em tempo presente. Algumas entre as muitas pessoas que se tornaram mestres em utilizar magnificamente o tempo presente foram Sócrates, Jesus Cristo, Leonardo da Vinci, Mozart, Einstein, Ford,

Edison, Gandhi, Madre Teresa, Nelson Mandela, Bill Gates, Steven Spielberg, Zilda Arns, Meryl Streep e muitos outros.

Devemos viver como se estivéssemos pedalando uma bicicleta o tempo todo. Quando estamos sobre uma bicicleta, a nossa ação está totalmente ligada ao tempo presente. Se eu começar a querer colocar o pé na frente da bicicleta ou me jogar para trás, algum tipo de acidente vai acontecer. Por isso mantenho-me totalmente presente na ação contínua do momento.

No entanto, apesar de manter-me totalmente ligado à ação presente, o meu olhar está focado na direção para onde quero ir. Se eu começar a focar apenas nos lados ou para trás, novamente, vai acontecer algum tipo de acidente.

Isso prova que devemos estar totalmente concentrados em viver o momento presente, mas também precisamos saber para onde estamos indo e enfocar a nossa ação nesta direção.

Então, o que leva um grande número de pessoas a enfocar a sua energia no passado ou no futuro? Como sabermos para qual direção devemos ir?

A resposta é:

Conhecendo os nossos VALORES e a nossa MISSÃO e VIVENCIANDO-OS. Somente assim teremos uma existência plena e realizada.

No capítulo anterior, nós aprendemos a conhecer (ou confirmar) mais profundamente os nossos valores e a nossa missão pessoal e profissional.

Agora vem uma pergunta essencial para a qual eu sugiro que você tome algum tempo para reflexão:

Eu estou atualmente vivendo pelos meus valores e pela minha missão?

Em caso contrário, o que falta para eu viver plenamente através de meus valores e de minha missão?

O risco que nós corremos quando não vivemos desse modo é sermos pessoas sem fé.

Não estou me referindo a uma religião específica. Estou me referindo à pessoa que tem confiança nela mesma porque sabe quem ela é. A pessoa que vive plena de confiança em si mesma é uma pessoa que tem fé em quem é e no que faz. Essa pessoa costuma agir em direção à autorrealização. E é um profissional de alta performance.

Também não sou contra uma religião. Ao contrário: estudos comprovam que pessoas que têm uma religião costumam ter mais expectativas do que as outras. Na média, quem tem mais expectativas, age com mais determinação. E por isso tem uma performance mais elevada.

Uma pessoa de altíssimo desempenho, Steve Jobs foi considerado uma das pessoas mais criativas de seu tempo. Algumas das maravilhas tecnológicas do século XXI não seriam as mesmas não fosse por ele. Ao ser convidado para realizar um discurso para os formandos da Universidade de Stanford, nos EUA, contou histórias que provocaram grande emoção e motivação nos presentes. Eis uma delas, transcrita no livro *Mentes brilhantes* (2012):

> Eu abandonei o Reed College depois de seis meses, mas fiquei enrolando por mais de dezoito meses antes de realmente abandonar a escola. E por que eu a abandonei? Tudo começou antes de eu nascer. Minha mãe biológica era uma jovem universitária solteira que decidiu me dar para a adoção. Ela queria muito que eu fosse adotado por pessoas com curso superior. Tudo estava armado para que eu fosse adotado no nascimento por um advogado e sua esposa. Mas, quando eu apareci, eles decidiram que queriam mesmo uma menina. Então meus pais, que estavam em uma lista de espera, receberam uma ligação no meio da noite com uma pergunta: Apareceu um garoto. Vocês o querem? Eles disseram: É claro. Minha mãe biológica descobriu mais tarde que a minha mãe nunca tinha se formado na faculdade e que o meu pai nunca tinha completado o Ensino Médio. Ela se recusou a assinar os papéis da adoção. Ela só aceitou meses

mais tarde, quando os meus pais prometeram que algum dia eu iria para a faculdade.

E, 17 anos mais tarde, eu fui para a faculdade. Mas inocentemente escolhi uma faculdade que era quase tão cara quanto Stanford. E todas as economias dos meus pais, que eram da classe trabalhadora, estavam sendo usadas para pagar as mensalidades. Depois de seis meses, eu não podia ver valor naquilo. Eu não tinha ideia do que queria fazer na minha vida e menos ideia ainda de como a universidade poderia me ajudar naquela escolha. E lá estava eu gastando todo o dinheiro que os meus pais tinham juntado durante toda a vida. E então, decidi largar e acreditar que tudo ficaria OK. Foi muito assustador naquela época, mas olhando para trás foi uma das melhores decisões que já tomei. No minuto em que larguei, eu pude parar de assistir às matérias obrigatórias que não me interessavam e comecei a frequentar aquelas que pareciam interessantes.

Não foi tudo assim romântico. Eu não tinha um quarto no dormitório e por isso eu dormia no chão do quarto de amigos. Eu recolhia garrafas de Coca-Cola para ganhar 5 centavos, com os quais eu comprava comida. Eu andava 11 quilômetros pela cidade todo domingo à noite para ter uma boa refeição no templo hare-krishna. Eu amava aquilo. Muito do que descobri naquela época, guiado pela minha curiosidade e intuição, mostrou-se, mais tarde, ser de uma importância sem preço.

Vou dar um exemplo: o Reed College oferecia naquela época a melhor formação de caligrafia do país. Em todo o campus, cada cartaz e cada etiqueta de gaveta eram escritas com uma bela letra de mão. Como eu tinha largado o curso e não precisava frequentar as aulas normais, decidi assistir as aulas de caligrafia. Aprendi sobre fontes com serifa e sem serifa, sobre variar a quantidade de espaço entre diferentes combinações de letras e sobre o que torna uma tipografia boa. Aquilo era bonito, histórico e artisticamente sutil de uma maneira que a ciência não pode entender. E eu achei aquilo tudo fascinante.

> Nada daquilo tinha aplicação prática para a minha vida. Mas 10 anos mais tarde, quando estávamos criando o primeiro computador Macintosh, tudo voltou. E nós colocamos tudo aquilo no Mac. Foi o primeiro computador com tipografia bonita. Se eu nunca tivesse deixado aquele curso na faculdade, o Mac nunca teria tido as fontes múltiplas ou proporcionalmente espaçadas. E, considerando que o Windows simplesmente copiou o Mac, é bem provável que nenhum computador as tivesse. Se eu nunca tivesse largado o curso, nunca teria frequentado essas aulas de caligrafia e os computadores poderiam não ter a maravilhosa caligrafia que eles têm. É claro que era impossível conectar esses fatos olhando para frente quando eu estava na faculdade. Mas aquilo ficou muito, muito claro olhando para trás 10 anos depois.
> De novo, você não consegue conectar os fatos olhando para frente. Você só os conecta quando olha para trás. Então tem de acreditar que, de alguma forma, eles vão se conectar no futuro. Você tem de acreditar em alguma coisa – sua garra, destino, vida, karma ou o que quer que seja. Essa maneira de encarar a vida nunca me decepcionou e tem feito toda a diferença para mim.

Na realidade, ter uma religião é uma questão muito pessoal. Contudo, conhecer-se a fundo, saber quais são os seus valores e a sua missão e ter confiança em si mesmo é algo que todos nós devemos almejar. Parafraseando Steve Jobs: acreditar em alguma coisa faz toda a diferença! Ter fé em si mesmo faz toda a diferença!

Muitos terapeutas insistem na grande importância em se trabalhar a autoestima e o quanto devemos nos preocupar em ter ações que reforcem quão a falta dela afeta inúmeras pessoas.

A "penicilina", para isso, foi aplicada logo acima: quem tem fé em si mesmo é uma pessoa com alta autoestima e não baseia os seus caminhos na opinião dos outros quando toma as suas decisões.

Isso não significa ser pedante ou intolerante. Muito pelo contrário. As pessoas que são bem resolvidas e têm uma forte autoestima costumam ser as mais humildes e ouvem com tranquilidade os conselhos de outras pessoas. Claro que há exceções, mas quem está acostumado à alta performance já aprendeu como é muito importante ouvir a opinião de pessoas com mais experiência.

Ao ouvir os conselhos de pessoas experientes em determinada área (inclusive para questões pessoais), uma pessoa que tem fé em si mesmo irá agradecer respeitosamente pela generosidade de quem quis repartir a sua sabedoria com ela e irá absorver aquilo que é útil para si e não absorver o que julga não fazer sentido com a sua escala de valores e missão.

É muito importante falar abertamente e sem preconceitos de religião, fé, espiritualidade e tudo aquilo que liga um ser humano ao outro além do corpo físico ou que o liga a uma instância maior. Não existe mais assunto tabu no século XXI. Então, se você está entre aqueles que ainda se preocupa com o que as outras pessoas vão achar das suas opiniões ou convicções, quero pedir que reflita comigo:

Você concorda que todas as decisões que você tomar devem estar embasadas em seus valores e na sua missão?

Concorda que, quanto mais fiel você for a eles, mais fiel estará sendo a você mesmo?

Se ainda não concorda, quero te lembrar que todos nós envelhecemos e que há estudos muito importantes feitos com as pessoas quando envelhecem.

Pesquisas realizadas com pessoas com doenças terminais e com pessoas muito idosas, ou seja, pessoas que passarão pela morte em breve, indicam que elas não estão preocupadas com a profissão que escolheram e com o quanto ganham por mês e nem o tamanho de seu patrimônio.

Essas pessoas estão preocupadas com as relações que elas construíram em sua vida. Estão preocupadas com as pessoas que amaram e com as pessoas que as amam.

É sinal de sabedoria treinar a humildade em todos os estágios da vida. É sinal de sabedoria procurar conselheiros capazes de nos dar opiniões consistentes nas mais diversas áreas da vida profissional e pessoal.

Mas não é sabedoria fazer tudo o que as outras pessoas falam só porque elas estão falando. Porque, como já falamos, no futuro somente você conviverá com o resultado de suas decisões.

Certa vez, um grupo filmou uma entrevista[1] realizada com Bertrand Russell, humanista vencedor do Prêmio Nobel de Literatura em 1950, durante a qual foi lhe dada a seguinte pergunta:

> – Suponha, Lord Russell, que esta entrevista seja assistida por nossos descendentes, assim como os pergaminhos do Mar Morto, daqui a 1000 anos. O que você acharia interessante dizer a essa geração a respeito de sua vida e das lições que aprendeu?
> Ao que ele respondeu:
> – Tenho um conselho intelectual e um conselho moral. O Conselho intelectual é: ao estudar um assunto ou qualquer teoria, atenha-se aos fatos, somente aos fatos. Qual é a verdade que os fatos revelam. Não se deixe enganar pelo que você gostaria de acreditar ou gostaria que fosse um fato. Não se deixe levar por aquilo que seria socialmente aceito se não for um fato. E o conselho moral é: o amor é sábio, o ódio é tolo.

Gosto muito da grande lucidez dessa resposta. Ele nos incita à clareza: atenha-se aos fatos. Ou seja, se você acredita que não pode tomar leite com manga, prove para mim o porquê disso.

---

1 Disponível em: < https://www.youtube.com/watch?v=Ut7drCi2mts >. Acesso em: 6 jul. 2016.

Acreditar em crenças sem provas é a maior e melhor fonte de preconceitos. E todos nós temos algumas ou muitas dessas crenças. Nós acreditamos em coisas apenas porque aprendemos a acreditar.

Preconceitos são um tipo de aprendizado emocional que se desenvolve cedo na vida, fazendo com que a sua erradicação seja difícil, mesmo quando na idade adulta, as pessoas acham errado tê-los. Eis um dos principais motivos porque precisamos ter imensa atenção e conhecimentos de nossas crenças.

Eu sempre soube (olha a minha crença aí!) que, quando temos terçol, é bom pegar uma aliança feita de um metal precioso, esfregar fortemente na lã e colocar sobre a ferida. Isso acaba com o terçol. Verdade? Fato? Mandinga?

Eu tive um terçol muito forte e fiz de tudo, inclusive esfregar muito a aliança e colocar no olho. A minha aliança chegou até a ficar fininha! Tadinha dela...

Não aguentando mais o incômodo, eu fui ao médico. Tratava-se de um especialista muito experiente e longevo. Ao verificar a minha lesão, ele me disse que nunca havia tido um paciente com um terçol tão grande. O médico me explicou que o terçol é provocado pela inflamação das glândulas de Zeis e Moll. A lesão se instala mais na borda da pálpebra, perto dos cílios, e vem acompanhada dos sinais típicos de infecção provocada por bactérias: dor, rubor e calor. Em geral, a ferida drena e desaparece espontaneamente.

Então eu falei para o médico, quase caçoando de mim mesmo que, ingenuamente, tentei por vários dias curar o terçol colocando uma aliança sobre a inflamação, após esfregá-la fortemente. Ao que ele me respondeu imediatamente que esse costume é válido sim porque o metal se aquece quando o esfregamos com força e o calor é um dos inibidores da bactéria do terçol.

Além de entender o porquê que as pessoas costumam utilizar as alianças contra o terçol, eu tirei mais um aprendizado deste episódio. Eu sempre lavava o rosto com sabão sem passá-lo por cima dos olhos, com medo de arder. Passei a lavar com sabão por cima dos olhos onde pode ficar algum acúmulo de gordura ou sujeira nas pálpebras, o que é um ambiente fértil para a proliferação de bactérias. (E se você está em dúvida, é claro que devemos ficar de olhos fechados durante este bucólico ritual!)

Ficou para mim um exemplo vivo da lição de Lord Russell: atenha-se aos fatos e somente a eles. Acreditei em uma tradição de família e utilizei a aliança. E não adiantou nada. E passei a acreditar que a aliança era uma crendice. Então fui ao médico e entendi o que se passava. E o médico me explicou o que faz com que o procedimento com a aliança funcione. Então voltei a acreditar na eficácia da aliança. E aprendi também que preciso lavar os cílios com sabão.

É por isso que eu insisto na grande importância em se ter fé. Ter fé gera grande confiança. E as pessoas que mais esbanjam confiança são aquelas que têm grande conhecimento de seus pontos fortes e de seus desafios. São as pessoas que sabem reforçar os seus pontos fortes e descobrir formas de minimizar os pontos fracos ou desafios, buscando formas de eliminá-los com o passar do tempo.

Não por acaso essa frase de Sócrates se tornou uma das mais célebres da história: *Conhece-te a ti mesmo*. A frase era uma das máximas de Delfos e foi inscrita no pronaos (pátio) do Templo de Apolo em Delfos, de acordo com Pausanias.

Na "Suda", uma enciclopédia grega de conhecimento do século X, encontramos: "O provérbio é aplicado àqueles que tentam ultrapassar o que são", ou ainda um aviso para não prestar atenção à opinião da multidão.

Mais uma vez está aqui uma afirmação que nos ajuda a entender a profundidade e importância do autoconhecimento, de se conhecer os fatos que envolvem as situações com as quais lidamos e de tomar as decisões baseadas em fatos e em conselheiros confiáveis.

O que não podemos é ficar procurando culpados ou cúmplices para aquilo que não deu certo, o que, aliás, é uma perda de tempo e de energia.

Uma vez que tenhamos a consciência e não apenas o entendimento teórico de que é essencial sermos donos de nosso próprio destino, o que inclui assumir as consequências de nossas escolhas, é importante entendermos quais as condições que nos levaram aos momentos de sucesso em nossa vida.

Quais são as emoções que nos impulsionaram quando alcançamos as nossas conquistas?

Todos nós tivemos desafios em nossas vidas. E teremos outros no futuro porque a vida é um soma de desafios de maior e menor intensidade. Se tivermos consciência e clareza de elementos que, se repetidos, aumentem as nossas chances de sucesso, ampliaremos a nossa capacidade de realização.

Eu te convido a pensar calmamente neste assunto:

Qual foi o maior desafio que você já viveu em sua vida até hoje? (Pode ser na vida pessoal ou profissional.)

O que você fez para superá-lo?

Quais foram as emoções que você vivenciou após superá-lo?

Frequentemente ouço de meus coachees como resposta a essa pergunta que vivenciaram alegria, êxtase, plenitude, paz etc.

A mesma emoção pode ter um nome diferente para pessoas diferentes. O importante é você identificar a emoção e dar um nome a ela.

Essa emoção que tem o nome que você acabou de identificar é algo que te apoia a ir adiante. Por isso é muito importante você conhecê-la bem e dar um nome a ela.

Muitas vezes, durante uma sessão de mentoria ou coaching, peço que façam esse exercício. Eu preciso ficar muito atento à pessoa que está passando pelo exercício para que essa não seja uma experiência unicamente racional. Se a pessoa não consegue me dar o nome de um sentimento, eu repito o exercício. Faço questão que a pessoa me dê o nome dos sentimentos que vivenciou. As emoções nos movem.

A mesma emoção pode ter uma denominação variada para pessoas diferentes. O importante é você identificá-la e dar um nome a ela.

Ações que não tenham significância não constroem. Acostumar-se a ações sem significância é como uma dívida com juros compostos: ela cresce exponencialmente. Por esse motivo precisamos conhecer os sentimentos que mais nos tocam e quais as ações que nos levam a eles. Caso contrário, voltando aos juros compostos, estamos multiplicando algo que já não era bom no início e o resultado dessa conta não poderá ser boa coisa.

A multiplicação de algo que não é bom é como o efeito "tetralogia" em muitas séries de filmes desde a segunda metade do século XX. Ou seja, se um filme foi um sucesso de bilheteria, se ele deu um bom retorno de investimento aos produtores, então eles resolvem fazer quantas continuações forem possíveis até exaurir as possibilidades de ganho com aquele tema. Os estúdios nos fazem engolir sapos, um após o outro. E fazem isso independentemente do quão baixo possa chegar o nível das continuações.

Só que, quando se trata da sua vida, o público é você mesmo! Então muita atenção: não engula sapo por opção. Se você não prestar atenção nisso, no dia em que começar a indigestão, talvez não haja remédio forte o suficiente para aplacar a dor da sua alma.

Um dia você superou um grande desafio na sua vida e viveu emoções fortes e genuínas. Você aprendeu a superá-las e sabe quais as emoções que afloram quando se supera.

Agora a decisão é sua:

A primeira opção é você entender o novo patamar no qual chegou após superar um desafio, gostar dele, se acostumar com ele e continuar performando nele.

É bom? Sim. Mas, se você permanecer feliz com esse novo nível e não trabalhar por um caminho de melhoria contínua, outras pessoas irão estudar, trabalhar, aprender e se desenvolver enquanto você fica parado. E em um momento, não mais do que de repente, você ficará obsoleto sem se dar conta disso.

A segunda opção é você continuar desempenhando no novo patamar e não parar por aí. Você não fica acomodado nessa situação. Você aprende que desafios são bons e que eles ensinam algo. Você não aceita a zona de conforto como o seu lugar comum e vai atrás de novas superações.

Isso se chama caminho de melhoria contínua.

As "tetralogias" no cinema comercial significam mais do mesmo. O mais do mesmo pode ter sucesso durante certo tempo. Talvez até mais tempo do que se esperava. Mas não será eterno. Aliás, muito pelo contrário: um dia, vai acabar!

O que aprendemos então é que, além de conhecer a sua missão, você precisa seguir aprimorando-a constantemente, porque é dessa forma que irá crescer e se desenvolver sempre. E lógico que isso não acontece sozinho.

Existe, aliás, uma palavra perfeita para essa evolução constante: AÇÃO!

Estamos acostumados a ouvir a seguinte pergunta: qual é a única grande certeza na vida?

E logo respondemos "a morte", certo?

Mas eu preferi aprimorar esta resposta e dizer que há três grandes certezas na vida. A primeira é a morte, sem dúvidas.

A segunda é que você vai pagar impostos. O Império Romano ensinou toda a humanidade depois dele a seguir essa regra direitinho! Aliás, se você pensar bem, perceberá que nós pagamos impostos até para nascer e para morrer!

Mas existe ainda uma terceira grande verdade da qual costumamos fugir porque ela é um pouco incômoda: vamos ter momentos de DOR e de PRAZER a vida toda.

A parte de ter momentos de prazer você nem prestou muita atenção quando leu acima porque você está acostumado a querê-los e inclusive costuma buscá-los sempre, certo? Assim como a morte e os impostos, você deve ter se assustado com o fato de que terá momentos de dor por toda a sua vida.

Tirando uma porcentagem ínfima da população que pode ser masoquista, todos nós queremos viver o prazer. Até podemos entender o valor pedagógico do sofrimento, mas, mesmo assim, desejamos e lutamos para viver sempre o prazer.

Raramente desenvolvemos uma cultura de valorização efetiva da dor. Repito que não estou falando no sentido masoquista, e sim no sentido pedagógico. É nos momentos de dor que normalmente passamos por um grande crescimento.

Uma pessoa que falou com muita propriedade a respeito disso em seu livro *A presença ignorada de Deus* (1992), foi Viktor Frankl. Ele teve os seus parentes assassinados em um campo de concentração nazista. Aliás, ele mesmo também foi prisioneiro. Passou por muitas dores e tirou muitos aprendizados. Mas ele procurava entender o sentido do sofrimento. Frankl afirmou:

> Como podemos ver, é possível tirar um sentido até do sofrimento, embora com esforço; isto significa, portanto, que o sentido potencial da vida é incondicional. Será que com isto quero dizer que o sofrimento seja necessário para se encontrar um sentido? De maneira alguma. O que quero dizer não é absolutamente que o sofrimento seja necessário, mas que o sentido é possível apesar do sofrimento, ou mesmo através do sofrimento, contanto que este sofrimento seja inevitável, que não possa ser eliminada a sua causa, quer biológica, psicológica ou social. Se um carcinoma for operável, é evidente que o paciente será operado; se o paciente nos procurar por causa de uma neurose, faremos de tudo para livrá-lo dela; e se a sociedade estiver doente, empreenderemos uma ação política, na medida do possível. Um sofrimento desnecessário redundaria em masoquismo e não em heroísmo.

A sabedoria de um terapeuta com a história de Frankl nos ajuda a entender que não devemos procurar viver apenas a dor para crescermos, mas, como há momentos na vida em que ela é inevitável, se nos permitimos passar por essas ocasiões com atenção e aceitação, sairemos maiores do episódio.

Se aprendemos com os momentos de dor, a cada vez que isso acontecer, estaremos nos preparando com mais sabedoria e ciência para enfrentarmos os momentos futuros de dor que aparecerão.

Lembro-me de que, quando fui estudar regência na Rússia, logo no primeiro dia no Conservatório Rimski-Kórsakov, de São Petersburgo, e, acostumado com a maneira de ser dos brasileiros, fiquei muito assustado. Lá, as pessoas batiam as portas e falavam muito alto umas com as outras, quase como se estivessem brigando. Pelo menos essa foi a minha primeira impressão.

Por ser descendente de russos, convivendo com a comunidade russa no Brasil desde sempre, via os mesmos rostos nas ruas russas, mas com um comportamento muito agressivo. Claro que eu entendia que o costume delas era resultado de décadas de uma ditadura comunista que colocava a educação como algo "burguês". Mas me agredia da mesma forma.

No entanto, ao longo dos anos que passei por lá, inclusive quando eu me mudei para a Sibéria, os comportamentos das pessoas eram estes.

Os anos de estudo na Rússia foram de grande aprendizado para mim. Convivi com pessoas que eram agressivas nas ruas, mas aprendi que as mesmas pessoas, quando estavam sentadas do meu lado no metrô, me convidavam para tomar chá na casa delas. E não era apenas retórica. Elas queriam manter contato mesmo.

Os russos soviéticos cresceram e foram educados em um sistema que provocava muita dor. E precisavam sobreviver física, psicológica, moral e socialmente. Toda essa dor talvez seja um dos motivos da produção artística russa ser tão prolífica. A arte é uma das mais ricas formas, tanto de espairecer quanto de aprender. Ouvindo a Sinfonia Nº 5 de Dmitri

Shostakovich, percebi o quanto de dor há na obra. E, da mesma forma, quanta ironia há em uma composição que, ao mesmo tempo, criticava o Estado soviético, destilava a dor vivida pelos russos e convidava os ouvintes a uma audição crítica do mundo em que vivemos.

Futuramente tive contato com outras culturas (europeias, sul-americanas e norte-americanas). Algumas vezes havia pessoas ou grupos que tinham comportamentos agressivos em determinadas ações nesses outros países. Porém, eu já havia aprendido não apenas a conviver com essas situações, mas também a entender a origem cultural delas. Isso me ajudou muito a conviver com pessoas diferentes.

É interessante que, quando parti para a Rússia para estudar regência, o fiz por mim mesmo e para me desenvolver como músico e maestro. No entanto, aprofundando os meus conhecimentos e convivendo com músicos de vários países, aumentei em muito as minhas habilidades musicais e também as não musicais.

Tudo o que fazemos na vida, não fazemos apenas para nós mesmos. Mesmo uma pessoa supostamente egoísta que faça todo o possível para ganhar cargos e crescer pensando apenas nela mesma, estará trabalhando por todos nós. Essa pessoa estará abrindo caminhos, ideias, criando obras, desenvolvendo comportamentos que irão ser aprimorados e absorvidos pelas gerações futuras.

Preencher a sua missão profissional significa colaborar para que outras pessoas também tenham a sua missão completada. É importante fazer por nós mesmos, mas é importante saber que, inevitavelmente, também estamos fazendo pelos outros.

Claro que será muito melhor se as pessoas tiverem essas atitudes já pensando no bem delas e no das outras pessoas. Tenho para mim que a frase "ame ao próximo como a ti mesmo" tem o seguinte significado: ame a ti mesmo como ao próximo. Ou seja, se você não amar a si mesmo em primeiro lugar, como irá saber amar ao próximo?

Se Jesus Cristo não amasse a sua missão pessoal, se ele não acreditasse piamente em sua verdade interior, em seus valores e em tudo aquilo que ele queria fazer, como poderia ter incentivado as pessoas a novas formas de pensar e a novos comportamentos?

Esse é um dos motivos que me faz pensar com frequência em minhas ações. Todo mundo que é pai, tio, padrinho ou que apoia o desenvolvimento de algum jovem de alguma forma já deve ter percebido que não adianta falar para eles o que é o certo, o educado, o correto ou o mais produtivo a se fazer em determinada situação. Eles não vão seguir as nossas palavras, seguirão as nossas ações.

Os exemplos educam. E também deseducam.

Sei que houve muitas ações pelas quais passei na vida que hoje eu entendo como erradas ou que havia uma maneira melhor de fazê-las. Mas o erro faz parte do caminho. O importante é aprender com ele e mudar a atitude. Porque, se eu não fizer isso, as pessoas que de alguma maneira são orientadas por mim ou me admiram irão reproduzir e perpetuar esse erro.

Certa vez, em uma celebração do Dia de Ação de Graças, uma menina de uns cinco anos de idade, ao se sentar à mesa perguntou à mãe:

– Mãe, porque o peru tem as suas duas pontas cortadas?

A mãe respondeu imediatamente:

– Eu acredito que dá mais sabor a ele. A vovó sempre assou dessa forma, e eu aprendi com ela.

Então a menina correu para a avó e perguntou:

– Vovó, porque a senhora cortava as pontas do peru ao assar para o Dia de Ação de Graças?

– Ah, é que eu aprendi com a minha mãe e sempre fiz assim, querida. Dá mais sabor!

A menina, que tinha a sua bisavó viva e também presente à celebração, foi até ela e perguntou:

– Bisa, porque a senhora cortava as pontas do peru para assar para o Dia de Ação de Graças?

Ao que a senhora, com a voz pausada e baixa, porém afetuosa, respondeu com um sorriso, após pensar um pouco:

— Sabe, minha querida, onde eu morava o forno era pequeno, então eu precisava cortar as pontas para que ele coubesse!

Veja que interessante: se a curiosidade da menina não aparecesse naquela hora talvez a família nunca soubesse da verdade a respeito dos fatos. As pessoas cresceram acreditando que deviam cortar as pontas do peru para que ficasse mais saboroso, e a origem da tradição estava, na realidade, ligada a uma limitação de espaço físico!

Então, cuidado com as suas ações, porque elas poderão se tornar até mesmo uma tradição de família!

Com isso, quero falar de outra tradição familiar. Na verdade, de uma tradição da humanidade. Melhor ainda, uma tradição sem a qual não haveria a humanidade: filhos!

Para muitas pessoas, ter filhos é, de alguma forma, uma maneira de prolongar a sua missão.

Quero convidar você a refletir um pouco a respeito desse assunto porque cada ser humano é totalmente diferente do outro.

Sim, há genealogia, tradição, costumes, cultura e tudo o mais que faz as pessoas serem parecidas umas com as outras. Especialmente quando estão na mesma família.

Quantas vezes não vemos alguém e logo dizemos: você está muito parecido com o seu pai/a sua mãe.

Quantas vezes não ligamos para alguém e nos confundimos com a voz de quem atende, pensando ser alguém de outra geração da família. O pai atende e você acha que era o filho, e assim por diante. Isso acontece não apenas por causa do DNA que um recebe do outro. É toda uma cultura familiar que é reproduzida e que faz com que tenhamos essa sensação que uma pessoa é muito parecida com a outra.

No entanto, por mais parecidas que as pessoas sejam entre elas, especialmente no que tange a gerações posteriores de uma família, seja o filho, filha, sobrinho, afilhado ou quem quer que esteja sob orientação de uma pessoa mais velha, cada pessoa sempre terá na sua missão pessoal uma soma de fatores que a torna totalmente particular, totalmente única.

A sua missão é apenas sua. Você não está neste plano para finalizar, preencher ou realizar a missão de seus pais ou tutores. Muito cuidado com isso. Muitas pessoas se tornam infelizes por não compreenderem isso.

E, da mesma forma, nós não temos filhos para que eles preencham a nossa missão pessoal ou profissional. Cada ser humano tem direito à sua individualidade e a preencher os seus caminhos com os seus próprios desígnios.

Certamente ter filhos é algo que pode realizar muito uma pessoa. Eu particularmente sou extremamente grato por essa bênção em minha vida. Para mim, trata-se de uma das experiências mais gratificantes de toda a existência.

Entretanto, por mais importante que eles sejam, nós não podemos ter filhos pensando que eles são o prolongamento de nossa missão.

CAPÍTULO V

O RETORNO À MAGNIFICÊNCIA

"É ilógico esperar sorrisos dos outros se nós mesmos não sorrimos."
Dalai Lama

Quando um bebê chora? Quando ele está com fome, frio ou calor intenso, ou alguma dor excepcional. Em seu estado normal, apenas por fome, ou frio e calor exagerados.

Excetuando-se esses momentos, o que o bebê faz? Ele sorri e busca incessantemente por aprendizados. Quando sorri, se mostra ávido por devolver amor àqueles que dão amor.

Durante o processo de desenvolvimento físico e emocional, nós perdemos um pouco desse talento inicial, influenciados pelo meio ao nosso redor.

Tanto quando éramos bebês quanto na tenra infância, não tínhamos a noção de que pertencíamos a uma determinada cultura. No entanto, a cultura do meio onde crescemos pode ser determinante para a rapidez do alcance de nossos sonhos e metas no futuro.

Nas mais diversas áreas da vida, quando nos comparamos a pessoas com idade próxima ou objetivos parecidos com os nossos, percebemos que aqueles que chegam mais rápido aos resultados almejados são os que começaram mais cedo o seu treinamento.

Em geral, são pessoas que, quando crianças, foram ensinadas a perseverar no treinamento e em uma árdua rotina de exercício durante anos. Essa postura é geradora e consequência de pessoas obstinadas. São pessoas que crescem aprendendo o valor do autoentusiasmo e da persistência diante dos infortúnios.

Algumas culturas naturalmente ensinam os seus jovens a agir dessa forma. Outras culturas fazem exatamente o contrário. Os descendentes de asiáticos, mesmo quando imigrantes em países como Brasil e EUA, são ensinados a perseverar sempre. É muito comum que, durante a sua vida escolar, acordem mais cedo para estudar antes do horário de aulas e continuem a revisar após elas, investindo no estudo mais tempo que as outras crianças.

Dependendo do hábito de nos alimentar com sentimentos de entusiasmo e prazer no que fazemos e nas metas atingidas ou na ansiedade por prazer imediato, temos a definição do grau de êxito ao qual nos acostumamos.

A minha irmã foi sempre muito estudiosa, obtendo notas altas na escola. No entanto, tinha sérias dificuldades para controlar a sua ansiedade em provas, o que a atrapalhou especialmente durante a fase pré-vestibular, já que ela pretendia cursar medicina, um dos cursos de nível superior mais concorridos nas universidades.

Na época, a minha mãe, para atenuar a tensão e brincar com ela, costumava dizer:

– Fique tranquila que eu vou sair na rua e raptar algumas dúzias de orientais. Pode ter certeza que a sua vaga vai estar garantida.

Felizmente não foi necessário esse estratagema, e eu não precisei visitar a minha mãe nos anos seguintes na penitenciária. E a minha irmã é hoje uma ginecologista extremamente competente, com doutorado e especialista em peritagem judicial médica.

No entanto, se não é uma escolha ser influenciado quando somos bebês, as nossas escolhas, crenças e atitudes na vida adulta são.

Grande parte da vida emocional é inconsciente, isto é, as emoções são, com muita frequência, inconscientes. É interessante notar que as pessoas tomam gosto definitivo por coisas que nem têm consciência de terem visto antes. Ao vibrar abaixo da consciência, as emoções impactam fortemente na forma como percebemos e reagimos ao mundo, mesmo sem termos a percepção de que isso está acontecendo.

Quantas vezes você não viu alguém (você mesmo?) acordar e se aborrecer logo no início do dia com um fato ou acontecimento e permanecer irritado por várias horas? Essa pessoa tenderá a magoar e ofender aqueles com quem convive pessoal e profissionalmente.

Assim que essa pessoa toma consciência dessas reações, ou seja, assim que essas reações são registradas no córtex, ela poderá entender o que está acontecendo e escolher agir de forma diferente, o que mudará o seu humor.

Se você ainda acha que a qualidade do seu humor é assunto de pouca importância, sugiro prestar atenção em quantas pessoas acabam por ter consequências somatizadas a partir de dores emocionais. Conceitualmente, há duas formas de ser afetado e ambas têm consequências que geram bloqueios e baixa performance: a somatização e as doenças psicossomáticas.

A somatização é quando uma dor emocional se intensifica a ponto de se expressar através de uma dor física.

Já as doenças psicossomáticas são aquelas nas quais os desajustes emocionais causam doenças físicas.

Em ambos os casos, muitos de nós chegam à dor porque não nos preocupamos em verificar se a causa de nossas dores pode ter uma origem psicológica ou não. E muitas vezes acabamos por não desenvolver alguns de nossos potenciais porque essas dores não permitem que eles desabrochem.

A dor é inevitável em determinadas situações, mas o sofrimento é opcional. Nós só nos machucaremos se permitirmos que as outras pessoas conheçam aquilo que nos causa dor. Uma boa estratégia é, quando entendemos qual o tipo de situação que nos causa dor, dar um passo para trás, se desligar emocionalmente e procurar ver as coisas sob outro ângulo. Isso requer treino e tempo, como toda habilidade que se quer desenvolver, mas vale a pena carregar consigo esse grande aprendizado.

Lembro-me de minha mãe quando os meus irmãos e eu éramos crianças. E imagino que a maioria das mães faça o mesmo: se nos feríamos, nos cortávamos ou se estivéssemos sofrendo algum tipo de pressão psicológica, ela era sempre a primeira a analisar a situação rapidamente e nos socorrer. A sua dor pessoal ficava de lado enquanto ela estava atenta no cuidar. Tenho tentado fazer a mesma coisa com os meus filhos e com os pioneiros que oriento no movimento escoteiro.

É importante nos lembrarmos que podemos e devemos ser felizes, independente de saber também que há situações inevitáveis de dor. Entretanto, o ser humano é magnífico por excelência. Não nascemos para sofrer, e sim para aprender, para evoluir. Nós nascemos para nos realizar e ser felizes, para desenvolver habilidades que trazemos como potencial.

TODOS NÓS!

E, para que os potenciais desabrochem, precisamos dar a oportunidade a eles, para que isso aconteça. Na verdade, precisamos dar espaço à vida, para que ela se manifeste. Sempre que isso acontece, o universo mantém o seu ritmo de expansão.

Quando isso não ocorre, o ritmo da expansão não é constante. E ritmos não constantes tendem a ser mais desafiadores. Falo isso não apenas como maestro e músico, mas como observador da natureza.

Na época das chuvas e da estiagem em seu ritmo esperado, há uma colheita prevista e farta. Quando acontece o contrário, temos enchentes e secas, produção insuficiente ou doente de alimentos e a morte de formas de vida vegetal e animal.

O milagre da vida é belo, grandiloquente e emocionante. Apesar desse espetáculo gigantesco que nos é oferecido diariamente, frequentemente desviamos o nosso olhar para coisas e fatos de menor importância. É quando diminuímos o espaço que precisamos dar a vida para que os milagres possam acontecer.

Às vezes eu me lamento querendo que os meus filhos passem mais tempo comigo porque estão com muita frequência com os amigos, especialmente nos dias em que havíamos programado para que fizéssemos algo juntos.

Houve vezes, quando isso aconteceu, que a minha noiva sabiamente me lembrou:

– Veja por este lado: que bom que eles têm amigos!

A mudança do foco provocada em minha atenção e energia imediatamente trouxe paz ao meu espírito com a decisão deles. Não é falta de vontade de ficar com o pai (pelo menos eu espero que não seja!), e sim, necessidade de desenvolver novos aprendizados e de estreitar laços com pessoas com quem têm afinidade. A questão é ter paciência e desenvolver a compreensão.

Assim como eu passei por situações de dor e constrangimentos em minha juventude, também eles passarão. E, se eu não der a oportunidade para que eles passem por isso, nunca crescerão ou saberão como lidar com as diferentes situações. É importante que eles saibam que eu estou aqui para eles sempre que quiserem, mas eles precisam ter espaço para o próprio crescimento.

Ou seja, qualquer sentimento, por melhor que seja, deve ser dotado de temperança. Aristóteles dizia que é necessário dosar as emoções. Quando elas são sufocadas, geram frieza e insegurança. Quando acabam por fugir ao nosso controle, se tornam extremadas e podem se tornar patológicas.

Portanto, precisamos aprender a identificar e dosar as emoções ao passarmos pelas situações. Nós todos vivenciamos momentos de dor provocados pela morte de pessoas queridas, situações críticas, etc. E também vivemos a alegria de reencontros, festas, comemorações e relações físicas que causam grande alegria. A sabedoria está em aprender com todos esses momentos.

Para Goleman:

> (...) o projeto do cérebro demonstra que muitas vezes temos pouco ou nenhum controle sobre quando somos arrebatados pela emoção e de qual emoção se trata. Mas podemos decidir sobre quanto durará uma emoção.

O sucesso não é medido pela presença de emoções improdutivas ou pelo número de fracassos. Ele vem de como lidamos com esses eventos.

No interessante livro *Os segredos da mente milionária* (2006), Harv Eker nos ensina que a maioria dos empreendedores de grande sucesso foram à falência pelo menos uma vez. Aliás, ele aconselha a quem quer seguir o caminho do empreendedorismo que se prepare para ir à falência até 10 vezes.

Assim, se o empreendedor souber aprender cada vez que perder tudo e tiver que recomeçar, recomeçará mais preparado, mais forte e com mais chances de sucesso.

Isso vale também para os colaboradores de uma determinada empresa: quem trabalha para terceiros, não importa em qual nível hierárquico, desde o office-boy até o CEO, precisa aprender a lidar com a derrota.

A derrota, de formas diversas, vem para todos nós. Talvez em tamanhos e momentos diferentes, mas a derrota vem para todo mundo. É isso que faz com que a vitória tenha um sabor tão especial. Essa deve ser a principal lição das competições esportivas na solidificação do caráter dos competidores.

É nesse momento que precisamos ter a sabedoria de enxergar o grande desafio que enfrentamos. De enxergar a riqueza do processo de aprendizado e amadurecimento.

Praticamente qualquer um que tem alguma função profissional convive com outras pessoas, mesmo que seja autônomo e trabalhe sozinho na frente de um computador. Apesar disso, há pessoas que fingem que não é importante melhorar a sua capacidade de se relacionar com os outros porque é mais cômodo e fácil acreditar nisso.

No entanto, por mais tecnológico que seja um produto, ele será em alguma instância resultado da produção humana. Há alguns filmes de ficção científica que inventam um mundo totalmente controlado por máquinas pensantes. Mas estas máquinas foram, são e serão programadas por seres humanos. E mesmo que cheguemos um dia a uma sociedade onde máquinas extremamente sofisticadas sejam as programadoras de outras máquinas sofisticadas, as primeiras terão sido programadas por homens.

Homens e mulheres precisam saber se relacionar com as outras pessoas. O seu sucesso está ligado à habilidade de desenvolver redes de relacionamento saudáveis.

Pessoas de sucesso sabem que, em qualquer processo da vida pessoal e profissional, podem ocorrer situações de emergência. Por isso uma das redes de relacionamento que as pessoas de sucesso desenvolvem é a rede de pessoas-chave. As pessoas-chave são aquelas que serão necessárias em momentos de emergência ou no meio de uma crise.

Nos dias de hoje, muita gente acaba iludida pelo Grande Irmão, que hoje não é apenas um Estado totalitário: são as redes sociais que, através de marketing direcionado a partir dos nossos gostos e hábitos, oferecem qualquer coisa que possamos imaginar querer um dia, de acordo com o nosso universo particular.

Mais do que isso: hoje nós temos milhares de "amigos" nas redes sociais. Mas todo mundo sabe que amigo de verdade a gente consegue contar nos dedos das mãos.

Devemos e precisamos desenvolver redes de relacionamentos, inclusive pela internet. Mas é essencial se entender a qualidade dos relacionamentos que desenvolvemos pessoal ou virtualmente e a consequência de cada tipo de relação para o desenvolvimento de nossa vida pessoal e profissional.

É natural que algumas pessoas tenham habilidade natural mais desenvolvida do que outras para desenvolver relacionamentos. Somos todos diferentes. E o potencial ainda não desenvolvido das pessoas leva a determinados comportamentos. A questão não é ter os mesmos comportamentos que as outras pessoas. Nós precisamos desenvolver condutas que nos auxiliem em nossa jornada, para que eles nos viabilizem atingir os nossos objetivos.

Quase sempre, mesmo que uma pessoa saiba que um interlocutor tem crenças diferentes das suas, ela tende a querer fazer com que o outro aja da mesma forma. É comum, nessa ocasião, a pessoa tentar convencer a outra ou até mesmo pressioná-la, dependendo do grau de sua sabedoria. E, quando isso acontece, surgem os conflitos.

Estes não são obrigatoriamente ruins. Podem ser até excelentes se as pessoas envolvidas souberem aprender com a situação, especialmente no ambiente profissional.

No entanto, se não prestamos atenção em como aprender a lidar com os conflitos, a repetição deles tenderá a fazer com que tenhamos sentimentos ruins que irão evoluir para a raiva. No começo será um pequeno desconforto, mas se não estivermos alertas, e não nos preocuparmos com essa situação, os conflitos acabarão gerando uma grande raiva.

Franklin dizia que "a raiva nunca é sem motivo, embora raramente um bom motivo".

Se conseguirmos desenvolver ferramentas que nos ajudem a não chegar ao estado de raiva ou a sair rapidamente dele, seremos pessoas e profissionais de performance muito mais alta.

Isso significa que o melhor é que não haja conflitos, certo? Devemos seguir pelo mesmo livro, pelas mesmas regras e assim todos seremos felizes e realizados, concorda?

Não há mentira maior do que essa! Somos todos diferentes uns dos outros, então como podemos querer pensar e agir de forma semelhante sempre?

Darth Vader, na fábula espacial *Star Wars*, é o grande vilão e figura temida durante toda a saga de filmes. Ao ouvir as primeiras notas musicais do *leitmotiv* que indica o seu personagem, já sabemos de antemão que a coisa vai ficar séria. E por que aquele personagem age assim? Porque os seus valores e as situações que viveu o fizeram ser como é.

Já o filho dele, Luke, nunca se deu por vencido e, mesmo enfrentando a morte iminente, se nega a ir para o lado negro da força. Há dois lados bem claros e antagônicos em *Star Wars*. Mas, apesar das diferenças, no último momento, Darth Vader cede aos argumentos do filho, permite que seus sentimentos guardados profundamente no coração venham à tona, mata o imperador e se reconcilia com a força. *Happy end!*

Esses personagens mudam de nome, de época e de lugar, mas essa fábula só se tornou uma das mais populares da história do cinema porque representa a humanidade e suas histórias. É a reprodução da jornada do herói, a representação de inúmeros personagens mitológicos que formaram o nosso estofo ideológico. E, mais uma vez, como em todas as histórias mitológicas, seja qual cultura representem, há conflitos. Na resolução deles, moram as grandes lições, os grandes aprendizados que o homem vem experimentando.

Às vezes temos alguma ideia de quais são as nossas crenças e valores, mas não sabemos com certeza como agiremos em uma situação de grande pressão. Esses momentos são muito elucidativos porque nos fazem aprender a respeito de nós mesmos. Todos passam por desafios e conflitos. Por isso também temos a oportunidade de termos os nossos momentos de herói.

Os desafios em nossa vida fazem parte da chamada jornada do herói, presente em todos os grandes mitos. Dependendo o tipo de desafio, muitos escolhem evitar o conflito tanto interior quanto exterior. Outros escolhem a ousadia e o enfrentamento.

As pessoas que não prestam atenção aos conflitos interiores tendem a achar que as suas verdades são maiores e melhores do que as verdades dos outros. Elas tendem a não se questionar. E o não questionamento leva as pessoas ao bloqueio do desenvolvimento.

O conflito exterior é positivo e tende a provocar o conflito interior quando permitimos. Na Grécia antiga, os grandes pensadores entenderam que uma nova tese que nos é apresentada gera uma antítese e que, após os dois lados se encontrarem, surgirá uma síntese. E isso só durará até que essa síntese seja um dos lados de um novo conflito ou discussão. Portanto, os conflitos fazem parte da evolução humana.

Quando entendemos a beleza do conflito produtivo e agimos rumo ao aprendizado, estamos no caminho do crescimento.

Pense bem:

Quantos dramas, inquietudes, instabilidades de carreira, conflitos de diversas formas você enfrentou em sua vida pessoal e profissional?

Você sempre procurou aprender com esses momentos?

E se neste momento alguém contestasse a sua opinião profissional? Como você reagiria?

Você acredita que é possível se treinar para ter ações produtivas sempre que houver alguma divergência?

A vida tem me ensinado que sim. Sempre é possível. Eventualmente, eu levei mais tempo do que deveria para entender que poderia ter uma atitude mais produtiva perante determinado conflito, mas isso também faz parte do amadurecimento e do aprendizado.

As ações produtivas não são um legado herdado, elas são uma conquista. Mesmo que tenhamos nascido em uma cultura que incentive a vivência do conflito em vez de evitá-lo, será sempre uma questão de escolha pessoal a postura que teremos frente a eles. Precisamos querer aprender quando as nossas opiniões não coincidem com as dos outros.

Precisamos estar abertos a ouvir o que os outros têm a nos falar, mesmo que depois venhamos a contestar tudo. Porque, se tivermos a sabedoria de ouvir com atenção e se mesmo assim continuarmos a discordar, a nossa réplica estará embasada em fatos e não em suposições.

Há momentos na vida em que algumas pessoas acreditam que um determinado ponto fraco é um déficit que nunca poderá ser alterado. Essa crença leva a pessoa a fossilizar determinadas opiniões. Opiniões fossilizadas geram bloqueios de evolução. Às vezes é mais fácil ter uma resposta pronta, fossilizada, do que levar a si mesmo para a rota do autoconhecimento.

No entanto, reveses e fracassos são situações nas quais podemos interferir. Pode ser que em uma primeira vez essa interferência seja muito pequena, mas se nós insistirmos no aprendizado diante dos conflitos, teremos uma performance melhor a cada experiência.

Quando tinha em torno de 20 anos de idade, costumava ser muito mais arrogante do que sou hoje. Acreditava que as minhas opiniões artísticas eram muito importantes, tanto como compositor, quanto como regente, talvez até mais relevantes do que as das pessoas com as quais convivia artisticamente.

Com o passar dos anos, fui aprendendo que os melhores professores e conselheiros para o meu desenvolvimento como músico eram os próprios colegas dos grupos com os quais convivia artisticamente. Quanto mais fui aprendendo essa lição, mais me senti crescendo como maestro, compositor, líder, coach, gestor de pessoas, palestrante, pai, filho, irmão, parceiro e amigo.

Acredito que ainda tenho muito a aprender nesse sentido, mas consegui despertar para essa forma de agir, o que tem sido uma aventura interessantíssima. Se não houvesse despertado para esse caminho, não teria experimentado novos comportamentos em situações diferentes. Teria perdido esse aprendizado.

Certa vez um grande maestro estava ensaiando com um importante grupo orquestral e o fazia com tal liberdade que um dos músicos, sem entender uma de suas indicações, parou a execução e perguntou:

– Maestro, desculpe-me, mas estou muito inseguro quanto à sua indicação. Exatamente em qual momento devo começar a tocar essa frase?

Ao que ele respondeu imediatamente:

– Meu caro, comece a tocar quando não aguentar mais esperar pela indicação.

Com músicos inexperientes não é possível agir dessa forma. No entanto, essa relação é possível entre artistas profissionais de altíssimo nível que sabem muito bem o que devem fazer, de que forma, quando e a partir de uma liderança madura e legítima. Com esse nível de experiência, a ideia é que o maestro seja apenas uma fonte de inspiração para todos os que estejam em contato com o fluxo que emana ao redor dos músicos. Ele fará indicações extremamente precisas apenas nos momentos em que isso seja imprescindível. Nos outros momentos, deve soprar como o vento para que todos velejem juntos.

Um líder corporativo de grande talento fará o mesmo. Uma vez que tenha também o talento de escolher bem os seus líderes e saiba se relacionar habilmente com eles, sentirá quando é a hora de dar indicações detalhadas e precisas e quando poderá apenas inspirar o seu time a desempenhar com liberdade e criatividade.

Lembro-me de quando dirigi a Orquestra de Câmara de Novosibirsk em 1999, regendo um programa com obras de autores brasileiros. Todo o repertório estava sendo estreado naquela noite, na Rússia, com a possível exceção de uma obra de Villa-Lobos, a qual era, de qualquer forma, uma estreia na Sibéria.

Durante os ensaios de preparação para o concerto, percebi quão extraordinários eram aqueles músicos. Já conhecia alguns porque havia estudado no conservatório daquela cidade. Quando fiz o primeiro ensaio com eles, todos já haviam estudado bem as suas partes individualmente. E eu também tinha tudo muito bem treinado. Dessa forma, estávamos todos livres para fazer arte com liberdade. E foi delicioso...

Um dos momentos inesquecíveis de minha vida como maestro foi justamente quando dirigi naquela noite o Prelúdio das Bachianas Brasileiras Nº 4, de Villa-Lobos. Como todos sabiam muito bem o que fazer, eu fechei os olhos incorporando o caráter entre melancólico e fogoso daquela peça e começamos a execução perfeitamente juntos. Em alguns momentos, provoquei alterações em algumas dinâmicas (intensidade do som) e andamentos (velocidade). Algumas dessas alterações ocorreram mesmo dentro de pequenos trechos, de acordo com o que havíamos construído nos ensaios, mas também de acordo com o momento presente. Nós construímos juntos, em tempo real, a leitura daquela peça, naquele momento. Foi muito emocionante para mim, além de um enorme aprendizado. Não precisei abrir os olhos por um instante sequer e o grupo e eu estávamos totalmente conectados, movidos por algo que era maior do que todos nós.

É interessante notar que também é possível haver grandes aprendizados em momentos de prazer, é claro.

A propósito da dor e do prazer, vamos fazer uma verificação:

Será que é muito importante fazer todo o possível para ter aprendizados apenas com momentos de prazer?

Veja, não sinto que precisamos passar obrigatoriamente pela dor em todos os assuntos e aprendizados. Se podemos ter um determinado conhecimento absorvido com prazer, por que sofrer?

O que quero deixar claro é que, para poder ter vivido esse momento especialíssimo dirigindo aquela orquestra na Sibéria, passei por milhares de horas de estudo, leitura, audições, aulas e muito trabalho como músico. Muitas experiências foram frustrantes, cansativas e desestimulantes.

Partes dos aprendizados podem ter sido adquiridos em momentos felizes, de prazer ou de fluência profissional e pessoal. Mas muitos deles vieram também de momentos de dor e sofrimento.

Resumindo: não é a dor ou o prazer que traz o aprendizado, mas a sabedoria com que aprendemos o máximo possível em todas as situações, não importa se forem prazerosas ou conflituosas. A sabedoria não está no acontecimento em si, mas em como modulamos o acontecimento.

E, se não é nem o prazer, nem a dor que nos levam a um caminho de sucesso, vai aqui mais um alerta:

Cuidado você que "adora" trabalhar e o faz 12 horas por dia e mais algumas tantas no final de semana.

A minha experiência como coach me diz que, se esse é o seu caso, muito provavelmente você se alienou de parte de sua vida e age assim para não precisar mais entrar em contato com aquela outra parte da qual se desvencilhou.

Quem convive com uma pessoa diabética sabe que um dos maiores riscos que esta corre é acreditar que comer algumas coisas ocasionalmente, fora da dieta aconselhada, não irá fazer mal. Essa pessoa começa a aumentar a dose de liberdade aos poucos e, quando percebe, está na UTI. Para os diabéticos, alguns alimentos podem funcionar como uma droga que o tornam um viciado.

Já o glúten ajuda a termos mais endorfina no cérebro, de acordo com o doutor David Perlmutter. Eis o motivo pelo qual muitas empresas o incluem em seus produtos, mesmo sabendo que pode ser extremamente danoso à saúde humana, ainda para quem não sofre de doença celíaca: temos a sensação de prazer com a liberação de endorfina.

Há pessoas que se viciam em determinados alimentos; outras, em drogas leves. Há aquelas que se viciam em drogas pesadas; algumas, em trabalho.

Se você trabalha por vício, não é bom. O trabalho não pode ser um entorpecente para evitar que você entre em contato com o seu eu mais profundo ou até mesmo com a sua missão pessoal ou profissional.

Você pode estar comparando as informações acima e falando para si que isso não faz nenhum sentido porque drogas fazem mal e o trabalho não. Drogas destroem, e o trabalho constrói.

Quero lembrar a frase que os nazistas colocaram em cima de portais em campos de concentração: *arbeit macht frei,* ou seja, "o trabalho liberta".

Fala-se que aqueles que pensaram em utilizar esse dístico não tinham a intenção de escárnio, e sim do incentivo espiritual ao trabalho. Por mais insana que fosse a mente de um nazista convicto, é impossível imaginar ser aquela frase um incentivo espiritual genuíno, quando o que eles faziam dentro dos campos de concentração era exatamente o contrário.

Claro que os nazistas não estavam preocupados com o bem-estar dos prisioneiros. No entanto, tomando o pensamento desvencilhado de sua utilização na Segunda Guerra Mundial, a lógica purista desse raciocínio pode até fazer algum sentido: o trabalho enobrece. Porém, é necessária muita sabedoria para se desenvolver por meio dessa atividade.

Não engane o seu espírito trabalhando 12 horas por dia e negligenciando as outras partes da sua vida. Não trabalhe 60 horas por semana durante 40 anos ou mais.

Trabalhe, sim, com muito afinco e dedicação naquilo que preenche a sua missão e te realiza. Entretanto, leve em conta todas as áreas da sua vida nesta equação.

Trabalhe com alegria, eficiência, ambição, companheirismo, gratidão e generosidade. Ainda há quem acredite que, se trabalhar pelo menos 12 horas por dia, terá sucesso e todos os resultados que sonha. Mas a cada dia mais pessoas saem desse grupo por entenderem que trabalhar com afinco tem a ver com a qualidade da sua produção e da sua vida e não com a quantidade de horas em que estão na labuta.

Se você ainda não refletiu sobre esses aspectos, faça isso agora, para não ter uma enorme surpresa desagradável no futuro. Você perceberá que não está sozinho se pensa que a jornada de trabalho pode ser algo gerido de forma mais inteligente.

As pessoas querem trabalhar e querem contribuir, mas não é apenas isso que elas procuram. Algumas empresas perceberam isso e têm adotado um regime de horas em que os funcionários ficam durante algum tempo do dia ou da semana em outra ocupação. Muitas vezes as atividades paralelas não têm nada a ver com a atividade da empresa.

Uma organização que notoriamente vem utilizando esse recurso de maneira inteligente e a seu favor é o Google. Os funcionários podem ficar algumas horas por dia em uma atividade diferente da sua especialidade profissional. O interessante é que algumas das melhores ideias do Google foram criadas por funcionários quando estavam nas horas de atividade não regular.

A empresa permite que os seus colaboradores invistam 20% do expediente em projetos nos quais acreditam, além de oferecer uma licença não remunerada de três meses para que eles possam se desenvolver em atividades que gostam.

Para Larry Page, fundador e presidente da empresa, o expediente de trabalho de oito horas diárias está ultrapassado, tanto para as empresas, quanto para os trabalhadores. Ele diz que as principais coisas que fazem uma pessoa feliz geralmente são as mesmas: moradia, segurança e oportunidades para a sua família. Em entrevista para o site mashable.com, afirmou:

> A quantidade de recursos que nós precisamos para conseguir isso, a quantidade de trabalho que nós realmente precisamos dedicar a isso é muito pequena. Eu digo que, atualmente, é menor que 1%. Então, a ideia de que todo mundo precisa trabalhar freneticamente para atender as necessidades das pessoas simplesmente não é verdadeira.

Ele também acredita que as horas de trabalho semanais podem ser reduzidas, e que empregos de tempo integral podem ser dissolvidos em vários trabalhos de jornada parcial:

> A maioria das pessoas, se você perguntar "você gostaria de uma semana extra de férias?" vai levantar a mão. Cem por cento delas. Duas semanas de férias, ou uma jornada de trabalho de quatro horas diárias? Todo mundo vai levantar a mão. Grande parte das pessoas gosta de trabalhar, mas também curte ter mais tempo para suas famílias ou para perseguir seus próprios interesses. Então, essa seria uma forma de lidar com o problema: reduzir o expediente de uma maneira coordenada. E, então, se você tiver um pouco menos de trabalho, é possível fazer ajustes e as pessoas continuarão a ter seus empregos.

Se você está entre as pessoas que acreditam que trabalhar horas e horas a fio vai te trazer realização e plenitude e que esta é a única maneira de conseguir isso, quero convidá-lo a fazer agora o seguinte exercício mental:

Vamos supor que algo sério acontecesse com você neste exato momento, quer seja um acidente, uma doença, a doença de um ente próximo ou algo que te impedisse de exercer a sua atual função profissional de forma definitiva.

Pergunto:

O que você faria a partir de amanhã?

Como você agiria com a sua família tendo tantas horas a mais em casa por dia?

Quais as atividades que você passaria a desenvolver junto ao seu parceiro(a) de vida?

Você começaria a desenvolver uma nova habilidade profissional?

Você começaria a dedicar algumas horas de seu tempo a um trabalho voluntário?

A essa altura, já fiz algumas dezenas de perguntas para você nesse livro. E se você está se dedicando com seriedade a esse check-up de carreira, poderá estar começando a duvidar de alguns de seus hábitos e algumas de suas crenças. Inclusive se você é você mesmo!

Quero sugerir uma ação pacificadora de você consigo mesmo. Não que essas perguntas e muitas outras que eu ainda farei não sejam muito importantes e também o tempo que você deve dedicar a pensar em cada uma delas.

No entanto, a gente precisa sempre se lembrar de quem é, e passar pelas verificações com consciência, coragem e, sempre que possível, bom humor.

Houve momentos em minha trajetória pessoal que me senti muito perdido. Ocasiões em que eu não tinha certeza se abandonava de vez a carreira de músico, se começava um novo mestrado, se começava outra graduação, se abandonava tudo, etc.

Percebi que, nos piores momentos, uma coisa era sempre segura e certa na minha vida: a música.

Se eu estivesse ansioso, triste, magoado, inseguro, era como se a música me trouxesse a resposta. Na verdade, a música não me trazia a resposta da questão específica, mas me dava a resposta de quem eu era. Ela sempre foi para mim um bálsamo.

E se você acha que eu estou exagerando, um de meus professores de composição, Almeida Prado, que era também um ser humano extremamente especial, certa vez me confessou gostar muito de ouvir a obra de Johann Sebastian Bach. Ele dizia que Bach o inspirava, que a sua obra o fortalecia, confortava e até mesmo, perdoava.

A velocidade do século XXI e o grande urbanismo pelo qual passou o planeta no século XX faz com que a maioria da população terrestre experimente uma rotina corrida, acelerada. Essa rotina tende a nos afastar de nossa essência, se não prestarmos atenção.

Muitas vezes acho que o nosso maior problema é esse: esquecer quem a gente é. Esquecer as nossas potencialidades e a magnificência com a qual nascemos. As ocupações do cotidiano nos legam preocupações que muitas vezes nem são nossas.

Ao ler o jornal, por exemplo, eu pulo as páginas que falam de assassinatos e congêneres. Por que? Porque não sou especialista na área. Então não vou ficar vivendo aquela energia o tempo todo sem poder contribuir concretamente com a solução de problemas.

Por outro lado, quem é especialista da área policial ou de segurança está em contato com aquele tipo de informação o tempo todo e, portanto, acaba sendo influenciado emocionalmente de outra forma por estas notícias. Por conviver com essas informações diariamente, o choque energético é outro e não os afeta tão fortemente.

É estrategicamente importante aprendermos a identificar o que nos mantém próximos à nossa essência e o que nos afasta. Não importa a qual área estejamos conectados. Precisamos procurar a nossa essência, a nossa verdade. Quando nos esquecemos disso, tendemos a ficar desequilibrados, fora do centro.

Qual é a atividade que você executa que te deixa sempre alinhado consigo mesmo? Música? Poesia? Prosa? Dança? Modelagem? Cozinha? Jardinagem? Aeromodelismo? Pesca? Coleções? Arqueologia? Escotismo? Astrologia? Eletrônica? Ikebana? Origami? Mandalas? Prática espiritual?

A lista é infindável. Então pense: a sua atividade essencial é uma das que estão no parágrafo acima ou é outra coisa?

Na maioria dos casos a ação natural que uma pessoa executa quase automaticamente e que a realiza interiormente não está ligada ao seu trabalho. Se você ainda não tem certeza de qual é essa atividade, vale a pena investir algum tempo pensando para entender melhor qual é a sua válvula de escape para poder acessá-la quando for necessário.

Mas também há pessoas cuja habilidade natural mais profunda coincide com a sua atividade profissional. Se você for uma delas, excelente.

Nesse caso, a minha sugestão é para você prestar mais atenção nessa atividade e não se esquecer de sua relevância em sua vida, pois muitas pessoas se esquecem. É como saber que filtro solar evita queimaduras importantes e não se lembrar de utilizá-lo com frequência.

Na próxima vez que você se sentir inseguro ou não tiver certeza da resposta a uma pergunta que está fazendo para si, dedique-se por um bom tempo a pensar na questão.

Para mim, invariavelmente, quando tenho alguma sensação de insegurança ou dúvida, após algum tempo sentado ao piano escrevendo, tocando ou improvisando, saio com mais clareza do que devo fazer.

A música faz parte do meu caminho para recuperar a minha magnificência.

O que faz parte do seu caminho?

CAPÍTULO VI

BLOQUEIOS E DESBLOQUEIOS

> "Aprendi que a coragem não é a ausência do medo,
> mas o triunfo sobre ele."
> *Nelson Mandela*

Saber lidar com o mundo emocional é um aprendizado que dura por toda a vida. Joseph Campbell, ao comparar os mitos de várias épocas e culturas em *O poder do mito* (1990), ilustra a busca do homem pelo equilíbrio físico e emocional através dos tempos, da seguinte forma:

> Os mitos antigos foram concebidos para harmonizar a mente e o corpo. A mente pode divagar por caminhos estranhos, querendo coisas que o corpo não quer. Os mitos e ritos eram meios de colocar a mente em acordo com o corpo, e o rumo da vida em acordo com o rumo apontado pela natureza.
> (...)
> Os estágios do desenvolvimento humano são hoje os mesmos que eram nos tempos antigos. Quando criança, você é educado num mundo de disciplina, de obediência, e é dependente dos outros. Tudo isso tem de ser superado quando você atinge a maturidade, de modo que possa viver, não em dependência, mas com uma autoridade autorresponsável. Se você não for capaz de cruzar essa barreira, poderá se tornar um neurótico. Depois de ter conquistado, produzido o seu mundo, vem a crise de ser dispensado, a crise do desengajamento.
> (...)
> E finalmente a morte. É o desengajamento definitivo.

Assim, é importante entender que, quando uma pessoa entra em um profundo estado de melancolia ou depressão após ser desligado de sua função profissional, ela está experimentando uma fração de sua morte antecipadamente. Esse desengajamento nada mais é do que essa antecipação. E todos os seres humanos evitam aquilo que os fará deixar de ser quem são.

Analisar o homem através dos tempos significa examinar também a sua evolução emocional. Os excessos emocionais existem desde que o homem iniciou a sua jornada na Terra e enfrentou os perigos e paixões da existência.

No entanto, no ambiente corporativo, somos levados a vivenciar apenas certo limite de nossa realidade emocional. Quem age ou vive fora das regras pode estar fadado a ser colocado para fora do jogo.

Daniel Goleman afirma que o aparelho social procura nos impor normas para conter o excesso emocional que emerge dentro de nós. Baseado em suas pesquisas, ele afirma:

> Apesar das pressões sociais, as paixões muitas vezes solapam a razão. Essa faceta da natureza humana tem origem na arquitetura básica do nosso cérebro. Em termos do plano biológico dos circuitos neurais básicos da emoção, aqueles com os quais nascemos são os que melhor funcionaram para as últimas 50.000 gerações humanas, mas não para as últimas 500 – e, certamente, não para as últimas cinco. As lentas e cautelosas forças da evolução que moldaram nossas emoções têm cumprido sua tarefa ao longo de um milhão de anos. Os últimos 10.000 anos – apesar de terem assistido ao rápido surgimento da civilização humana e à explosão demográfica de cinco milhões para cinco bilhões de habitantes sobre a Terra – quase nada imprimiram de novo em nossos gabaritos biológicos para a vida emocional.

Isso significa que o nosso corpo tem uma estrutura muito ligada à nossa ancestralidade e muitas vezes somos vítimas desta estrutura. Não conseguimos ter maturidade suficiente para controlar essa máquina fantástica que é o nosso cérebro. Ele prossegue:

> Para o melhor ou o pior, a forma como avaliamos situações complicadas com as quais nos deparamos e nossas respostas a elas são moldadas não apenas por nossos julgamentos racionais ou nossa história pessoal, mas também por nosso passado ancestral. Esse legado nos predispõe a provocar tragédias, de que é triste exemplo o lamentável fato ocorrido na família Crabtree.

O fato ao qual ele se refere foi uma lamentável situação envolvendo a família Crabtree: certo dia, chegando em casa, o senhor Crabtree ouviu sons vindos do andar de cima. Temeroso, foi verificar imediatamente. A filha, querendo assustá-lo de brincadeira, havia se escondido no armário. Quando ela percebeu que o pai estava bem perto, abriu o armário soltando um grito. O pai que, por precaução, havia pegado uma arma no caminho, reagiu instintivamente e a atingiu, matando a filha na hora.

O medo gera uma força enorme, e nos faz agir por instinto. A maior vítima de nossos medos pode ser nós mesmos. Por isso é tão importante entender melhor a respeito da origem dos medos, como ele explica:

> Todas as emoções são, em essência, impulsos, legados pela evolução, para uma ação imediata, para planejamentos instantâneos que visam a lidar com a vida. A própria raiz da palavra emoção é do latim *movere* – "mover" – acrescida do prefixo "e-", que denota "afastar-se", o que indica que em qualquer emoção está implícita uma propensão para um agir imediato.

O medo nos faz reagir rapidamente. Às vezes, automaticamente. O nosso corpo, aliás, colabora para que isso ocorra. Uma das reações dele quando sentimos medo é o sangue correr para os músculos do esqueleto, facilitando uma fuga. O rosto fica embranquecido com a perda de sangue e, ao mesmo tempo, o corpo sofre uma breve e imediata parada. Isso acontece para que tenhamos tempo para considerar uma fuga e um esconderijo. Toda a máquina fica preparada para a ação.

O processo acontece porque nós temos duas amígdalas cerebrais que agem junto ao sistema límbico, para raptar o cérebro inteiro. É o que se passa com pessoas que agem instantaneamente sem pensar. Muitas vezes essas nem se lembram do que fizeram.

Sempre gostei de brincar muito. Vivia pregando peças nas empregadas da casa da minha mãe. Um dia, ao sair de carro, eu as vi no final da rua, um leve declive. Desci com o carro em ponto morto e, quando estava a uns dois metros de distância, buzinei. Elas naturalmente se assustaram. Mas uma delas teve uma performance invejável: pulou e já caiu virada para o meu lado, como se fosse um gato, e com as mãos fechadas em punho, preparada para lutar. Passado o susto, todos nos divertimos, e eu as levei de carona até o ponto de ônibus. E desde esse dia eu dizia que ela havia ganhado a medalha de ouro na modalidade "salto olímpico doméstico"!

No dia seguinte, quando estávamos nos divertindo mais um pouco com o acontecido, ela me disse que naquela rua, próximo de onde estávamos, havia uma senhora que costumava sair com o carro sem olhar se haviam pessoas passando na mesma hora e que ela já havia sido surpreendida pela motorista por várias vezes. Quando ela saltou e virou, estava com os punhos levantados porque foi uma reação instintiva, talvez fosse àquela senhora, supostamente, uma potencial predadora.

Muitas vezes a nossa reação é instantânea, e somente depois conseguimos raciocinar e até mesmo entender porque tivemos determinada ação.

Ao final de um de meus acampamentos como chefe escoteiro – na verdade como mestre pioneiro, pois essa é a seção pela qual eu sou responsável no grupo escoteiro no qual eu presto esse serviço –, percebi que faltavam ferramentas e resolvi verificar. Os jovens – no Brasil o pioneirismo vai de 18 a 21 anos de idade – estavam em outra atividade, e eu resolvi não os incomodar e fui sozinho até o bambuzal onde havíamos cortado alguns feixes de bambu para utilizar em uma das atividades.

Havia uma clareira de uns 10 metros de diâmetro bem no centro do grande bambuzal. Ao entrar na clareira, após dois passos, percebi, vindo do outro lado, uma cobra verde e amarela. Vinha rastejando da forma típica em ziguezague e com a cabeça levantada em minha direção.

Após o primeiro passo, assim que a avistei, parei imediatamente. Logo a seguir, ela também parou. Por alguns segundos, ficamos nos olhando. A adrenalina passou a correr mais rápido em mim. Talvez o ninho dela fosse por perto, e ela o estivesse defendendo.

Não sou especialista em cobras e não tinha a mínima ideia se ela era venenosa ou não. Mas senti um raio gelado passar por mim. Certamente foram as amígdalas cerebrais ajudando o sistema límbico a me paralisar. Aquela cobra podia até defender as cores nacionais do Brasil, mas eu decidi que naquele momento isso não seria tão importante para mim e, por via das dúvidas, após esses poucos segundos, resolvi dar um passo para trás. Após a minha retirada, ela também começou a voltar imediatamente. Acho que nos respeitamos o suficiente e ficou tudo bem. Ufa! Fui embora e voltei mais tarde para pegar as ferramentas, prestando muita atenção onde pisava, é claro.

Ao analisar como o nosso corpo reage obedecendo ao nosso cérebro, é importante entender as fontes do medo. Muitas vezes temos reações programadas por nossas crenças, o que é anterior a uma reação do sistema límbico, embora possa ser influenciada por ele.

Acontece também de termos experiências muito marcantes na qual o sistema límbico rapta o cérebro. Há situações em que, pelo fato dessa experiência passada ter sido muito forte, ao nos depararmos com uma nova situação parecida, o mesmo rapto acontece, mesmo não sendo uma situação real.

Por exemplo: uma moça é uma vendedora de alta performance e trabalha em uma loja refinada. Certo dia ela está no ponto de ônibus no final da tarde, ao escurecer. Aproxima-se um homem ruivo ameaçando-a com uma faca e realiza um assalto. A partir desse dia, sempre que um homem ruivo entra na loja, mesmo que atendido por outra pessoa, ela começa a gaguejar, não raro perdendo a venda. Em alguns casos essa pessoa, caso não invista em desenvolver o seu autoconhecimento, poderá ter o seu desempenho minado por toda uma vida sem sequer se dar conta disso.

Essa é uma das formas de entendermos o que nos causa medo.

Quando eu estudava administração de empresas na Fundação Getúlio Vargas, o meu grande sonho era viver de música, como compositor e maestro. Embora eu enxergasse esse objetivo como um enorme desafio naquele meu momento de vida, tinha muitas ideias de projetos nos campos da arte.

Apesar das ideias, sonhos e objetivos, eu também tinha muito medo. E havia duas fontes dessa sensação, uma interna e outra externa: as minhas crenças pessoais e o reflexo das crenças de várias pessoas com as quais eu convivia. Então entendi que temos duas categorias de medo ou duas formas de enxergar a sua origem, que eu classifico como medos externos e medos internos.

MEDOS EXTERNOS

Algumas pessoas têm medo, influenciadas por motivos externos. Quanto a isso, podemos e devemos desenvolver autoconhecimento para virmos a superar tudo o que nos bloqueia. Mas não temos como evitar essas influências, especialmente nas primeiras décadas de nossas vidas.

Muitos de nós herdamos de nossos pais ou tutores o medo de muitas coisas na vida. No caso de termos sido influenciados por outra pessoa, é importante entender que ela, enquanto não decidir fazer algo a respeito, seguirá sendo uma fonte emanante de medo. Frequentemente quem age desta forma o faz inconscientemente.

Quanto mais próximo o nosso relacionamento de um emanante de medo, mais influenciados somos pelos comportamentos desta pessoa. E praticamente todos nós somos emanantes de pelo menos algum tipo de medo.

No meu caso particular, a pessoa que mais me influenciou ao longo dos anos no que tange a ter medo do momento presente e do futuro foi o meu pai.

Ele nasceu na Polônia porque a família dele havia fugido da Rússia durante a revolução bolchevista, onde o meu avô tinha a cabeça a prêmio por ser oficial do exército branco.

Na Polônia, ainda criança, quando os nazistas invadiram o país, meu pai estava em uma carroça em uma estrada de terra, junto a milhares de pessoas que fugiam para o interior. A maioria das pessoas eram pessoas comuns, mas estavam entre elas alguns soldados poloneses, também em marcha de fuga, rumo ao leste.

Um Messerschmitt, avião de guerra alemão, fez um voo rasante e começou a metralhar a estrada, matando muitas pessoas. Imediatamente o meu avô desceu da carroça para segurar o cavalo para que ele não derrubasse a esposa e os filhos. O cavalo levou um tiro. Meu avô cuidou dele e o salvou. Mas foram muitas imagens impactantes para uma criança em um mesmo dia. O meu pai diz que o piloto que metralhou a estrada voou tão baixo que ele se lembra até hoje de seu rosto. No dia seguinte, quando passaram por uma aldeia, tudo que se via estava em chamas.

Em 1944, a família do meu pai se mudou para o sul da Alemanha em uma travessia, no mínimo, cinematográfica. O meu avô, diretor do patrimônio da comunidade russa em Varsóvia, precisava convencer um maquinista polonês a levar um trem lotado de bens desta comunidade para Ravensburg. Para chegar ao sul da Alemanha vindo de Varsóvia, o trem precisaria passar por Berlim. Isso significa passar pela capital da Alemanha em uma viagem não autorizada pelos nazistas em plena guerra!

Todos que estariam naquele trem arriscariam a vida, tanto por causa de bombardeios quanto por viajarem sem autorização do comando nazista, e o maquinista sabia muito bem disso. Meu avô e mais dois diretores dessa comunidade ofereceram dinheiro para o maquinista, mas dinheiro não valia tanto em tempo de guerra. Ofereceram algumas obras de arte de importantes artistas russos, mas por elas ele também não se dobrou. No entanto, em uma cartada final, o meu avô ofereceu a ele uma caixa de vodka russa! E foi assim que a missão, que levou uma semana entre bombardeios e consertos de linha férrea, foi cumprida.

Nesta época os norte-americanos aliados já estavam em território europeu e faziam muitos ataques junto com os aliados. Pouco tempo antes disso, o meu avô havia buscado a família dele e levado para Ravensburg. Durante o trajeto, eles passaram por Nurembergue.

No dia em que passaram por aquela cidade, os aliados a bombardearam maciçamente. O meu pai passou a noite inteira dentro de um bunker no subsolo com os meus avós e minha tia. Quando saiu de lá, no raiar do dia, até onde a vista alcançava, não havia mais cidade. Haviam apenas escombros e corpos carbonizados.

São histórias impressionantes e toda família de imigrantes tem alguma parecida para contar. Há mais uma dúzia de casos como esses que eu poderia contar a respeito das epopeias que o meu pai passou até a sua chegada ao Brasil.

Todos que não passaram por uma guerra, como eu, podem e devem se solidarizar com os sentimentos daqueles que as viveram. Mas imagino que certas emoções ficam impressas na alma de uma pessoa de tal forma, que nunca entenderemos esses sentimentos da mesma forma.

Por outro lado, o meu avô materno, que também passou pela revolução russa e pela guerra, ficou impactado de forma diferente. Aos 12 anos de idade ele ficou meses na África como membro juvenil de um navio-escola. O navio estava cheio de adolescentes que faziam essa viagem como estudantes para virem a ser cadetes navais futuramente. Com a Revolução, eles perderam tudo o que tinham: os bens, a pátria e, muitos, a família.

Por estarem em território estrangeiro, sem recursos, oriundos de um país em guerra civil, os oficiais presentes não tinham condições de prover nem sequer o mínimo para aqueles jovens. Para as refeições, eles recebiam uma porção de sopa que era feita de uma única batata em um caldeirão para todos os jovens em uma refeição diária única. Com muita dificuldade, ele conseguiu uma carona para voltar à Europa e encontrar a mãe e alguns dos irmãos na antiga Iugoslávia. Dado todo esse histórico, ele precisou reaprender a comer lentamente.

Para custear os seus estudos como engenheiro, meu avô materno tocava piano em casas noturnas e estudava de noite. Dormia quase nada. Teve amigos, irmãos e outras pessoas queridas feridas e assassinadas nos conflitos do início do século XX.

Acabo de contar sucintamente alguns fatos sobre a história de duas pessoas muito próximas a mim: meu pai e meu avô materno. São dois dos principais modelos com quem eu aprendi muito. Modelos que eu sempre segui e sigo até hoje. Apesar das histórias serem parecidas, a postura dessas duas pessoas perante a vida foi e é muito diferente.

O meu avô materno aprendeu que a vida é o que nós fazemos dela. Foi professor e diretor de escolas a vida inteira. Também dava aulas de música e, para quem não podia pagar, ensinava sem cobrar. Tinha fé nas pessoas e na humanidade, apesar de tudo o que passou. Acreditava na temperança e no equilíbrio.

Já o meu pai aprendeu que nada viria de graça na vida se ele não corresse atrás para construir. Concluiu três cursos de nível superior e trabalhou no Brasil por muitos anos para ter algum patrimônio. Começou como auxiliar de servente de ladrilheiro. Seguiu estudando e trabalhando até ser presidente de empresas importantes. Trabalha há décadas como voluntário no asilo dos descendentes de eslavos em São Paulo, a Sociedade Filantrópica Paulista, e é o principal responsável pela sua adequação e modernização.

No entanto, desde que eu era criança e ouvia alguma proposta socializante ser feita por parte de algum político, ouvia o meu pai reagir contrariamente, muitas vezes sem mesmo conhecer o teor da proposta. Ele sempre teve medo que roubassem dele o seu patrimônio, como fizeram com a sua família e com toda a população russa após a revolução bolchevista.

Já o meu avô materno, cuja família sofrera os mesmos confiscos em Moscou, era a favor de reformas socializantes. Não era a favor do confisco do patrimônio que as pessoas construíram durante toda uma vida, mas entendia que o progresso passava também pelo progresso das ações enfocadas no bem-estar de todos os seres humanos.

Ambos foram pessoas muito generosas e ajudaram o próximo em inúmeras ocasiões. Mas a forma como essas pessoas vivenciaram o medo e aprenderam a triunfar sobre ele ou não, fez com que tomassem atitudes diferentes em suas vidas.

Se o meu avô ficasse sem dinheiro de um dia para o outro, isso não o afetaria profundamente. Ele iria pensar em como fazer para reverter a situação. Ele nunca deixou de dormir por causa disso.

Se o meu pai vivesse uma longínqua ameaça de não ter recursos para ter uma vida confortável e sem riscos, só de pensar no assunto, já viveria um caos interior e faria com que nós também vivêssemos essa perturbação psicológica.

Esses medos são aprendidos e ficam arraigados em nossa alma. É possível revertê-los, mas em alguns momentos é muito difícil. Você deve se lembrar de alguém com posturas semelhantes com quem conviveu ou convive.

A grande maioria de nós tem mais de um exemplo na vida. Nós seguimos as posturas e atitudes de algumas pessoas consciente e inconscientemente. Muitas vezes não temos consciência de que estamos imitando determinadas posturas sem que as tivéssemos escolhido.

Repito:

No que tange ao medo, muitas vezes não temos consciência de que estamos imitando determinadas posturas sem que as tivéssemos escolhido.

Esse é o grande risco que corremos quando falamos dos medos externos. Então precisamos ter a clareza de investir em autoconhecimento para ter certeza de que todos os nossos comportamentos foram escolhidos por nós mesmos. E se identificarmos que há algum comportamento que estamos reproduzindo que não foi uma escolha nossa, é primordial agir para mudá-lo.

Às vezes não é fácil nem identificar o comportamento nem o alterar. Por isso recomendo fortemente para quem nunca passou por um processo de terapia que o faça por ao menos seis meses. Se você passar pelo processo de espírito aberto e mesmo assim não conseguir aprender nada a respeito de si – o que é praticamente impossível –, no mínimo aprendeu como funciona um processo terapêutico.

E existem outras formas para aprender a respeito de si, das quais falaremos com mais detalhes mais para frente.

MEDOS INTERNOS

Quanto aos motivos internos do medo, quem tem o controle e a possibilidade de fazer algo a respeito, mais do que nunca, somos nós mesmos. E podemos transformar essa energia em algo positivo.

Eventualmente temos conhecimento de alguns de nossos medos internos. A minha noiva, por exemplo, tem fobia de aranhas. Não é um medo recorrente na família dela. Ela não o herdou do pai, da mãe ou de algum parente próximo, mas o tem desde sempre.

Conhecer e controlar os medos internos pode ser a diferença entre fracassar e ser um campeão.

Jesse Owens ficou conhecido na história como o grande campeão norte-americano nas Olimpíadas de Berlim durante o regime nazista. Embora os americanos tenham explorado enormemente a sua vitória e as imagens do atleta norte-americano triunfando na frente de Hitler, o próprio Owens teve que ser campeão 3 vezes: a primeira grande batalha que precisou vencer foi conseguir ser um atleta de alta performance mesmo sendo um entre 10 filhos de uma família de origem muito humilde. A segunda batalha foi vencer os adversários um a um e se sagrar campeão em quatro modalidades olímpicas. A terceira batalha foi vencer o preconceito, inclusive em seu país natal.

Owens dizia que sua maior conquista não havia sido se contrapor ao regime hitlerista, e sim ao racismo dentro dos EUA. Ele declarou que o que mais o magoou não foram as atitudes de Hitler, mas o fato do presidente norte-americano Franklin Delano Roosevelt nunca ter lhe enviado sequer um telegrama felicitando-o por suas conquistas na olimpíada.

Muitas vezes fica difícil de saber qual a origem de determinado medo. Pode ter sido alguma situação vivida quando ainda estava no útero da mãe ou na tenra infância. Saber a origem, no entanto, importa muito menos do que entender o que podemos fazer a respeito para nos livrarmos dele.

Só conhecendo a fundo os nossos medos interiores podemos viver uma vida plena e feliz com a possibilidade de alcançar 100% de nosso potencial.

Quanto de medo vocês acham que o grande piloto de fórmula 1 Ayrton Senna tinha antes de entrar em uma pista, em uma escala de 0 a 100?

Quem disse zero, errou. Se uma pessoa não tem medo nenhum de uma situação de alto risco potencial, ela vive algum tipo de patologia. Pessoas assim podem ser, ou se tornar, suicidas.

Ayrton Senna era bem resolvido e conseguia ter uma altíssima performance dominando o medo nas situações de maior risco. Ele também não tinha receio de ser taxado de populista ou outra coisa. Foi isso que o fez ter atitudes que nos emocionavam, como fazer a volta de comemoração de suas vitórias empunhando a bandeira do Brasil.

Há pessoas que atingem grande sucesso em suas vidas, mesmo renegando ou enganando o medo. É possível atingir metas e conquistar sonhos não entrando em contato com os medos ou fugindo deles. Mas não é imaginável ter uma vida equilibrada e promovê-la totalmente equilibrada para as pessoas com quem convivemos se fingimos não ter medos.

O meu pai, que atingiu conquistas fantásticas profissionalmente, evoluiu de auxiliar de servente de ladrilheiro a presidente de multinacionais e diretor da Federação das Indústrias do Estado de São Paulo (FIESP), apesar de sua altíssima performance como líder e administrador, nunca entendeu verdadeiramente a função e utilidade de um processo terapêutico. Talvez ele tenha compreendido essa funcionalidade para algumas pessoas, mas nunca para ele próprio.

Talvez por isso ele tenha sido fumante por décadas sem controlar esse hábito, que foi um dos motivos que o levou a um forte infarto e uma grande operação cirúrgica para colocar quatro pontes no coração. Após a cirurgia e a difícil recuperação, ele ficou dez anos sem fumar. No entanto, como nunca havia entendido o que o levava à necessidade desse hábito para poder eliminá-lo, voltou a fumar. E teve um novo infarto.

O meu pai nunca decidiu parar de fumar verdadeiramente. Ele nunca discutiu os seus medos de guerra com um terapeuta. E nós, que convivemos com ele por décadas, fomos fumantes passivos a vida inteira.

Ser honesto consigo mesmo nem sempre é fácil. Mas essa é a única forma de limparmos tudo o que está escondido embaixo do tapete. E recomeçarmos com mais força e energia.

Então quero fazer a você o convite para mais uma verificação de essencial importância:

Quais são os seus medos?

Você os conhece bem?

Você aprendeu a lidar e triunfar sobre eles?

Será que os seus medos estão influenciando as pessoas que você ama?

Pare e medite um pouco a respeito das perguntas acima antes de seguir em frente.

Se neste momento você está se indagando porque eu me debrucei tão detalhadamente sobre os medos e estou incentivando você a pensar tanto neste assunto, explico:

Muitas das pessoas que me procuram para entender melhor se estão no lugar certo, trabalhando com a função certa, junto às pessoas certas, no momento certo etc. entendem que não estão onde queriam estar.

Mesmo assim, a maioria delas trabalha há muito tempo nessa situação porque está dominada por medos que as fizeram ser prisioneiras de sua atual realidade profissional.

Todos nós temos medos. No entanto, ter a vontade de conhecê-los melhor para poder enfrentá-los é uma decisão de cada um.

E o que acontece com as pessoas que não se preocupam com os seus medos ou que nunca param para pensar no assunto?

Vivem de justificativas.

Você deve conhecer alguém que frequentemente dá uma resposta do tipo "eu ainda sou muito jovem para isso". Essa pessoa vai seguir respondendo assim por anos, até que um dia ela vai começar a responder para a mesma pergunta: "Eu sou muito velho para isso".

Repare que apenas mudou a característica da resposta, mas o teor da justificativa se manteve igual. E isso aconteceu porque a pessoa nunca foi aprender o que fazia com que ela respondesse assim.

Quem vive de justificativas precisa conhecer mais a fundo os seus valores e os seus medos. Na hora em que as suas ações estiverem alinhadas com os seus valores, ela não vai mais dar justificativas, ela vai agir.

Muitos profissionais acabam por se demitir quando percebem que estão indo contra os seus valores na empresa em que estão trabalhando. Isso acontece quando o trabalhador tem um determinado valor e não admite corrompê-lo.

Às vezes, no entanto, com muito medo de perder o emprego, a pessoa age contra os seus princípios.

Os medos geram bloqueios, justificativas, podem nos levar tanto a corromper os nossos valores mais profundos, como à paralisia e à inação.

Toda e qualquer forma de autoconhecimento que nos ajude a entender melhor quais são os nossos valores e quais são os nossos medos irá colaborar enormemente para a nossa vida profissional.

O autoconhecimento não é um "prêmio para o melhor funcionário do mês"! Ele não deve ser provocado durante um curso de final de semana e "nunca mais se pensa no assunto". O autoconhecimento é uma ferramenta fundamental para quem quer evoluir pessoal e profissionalmente e deve ser provocado continuamente.

Ele gera a ampliação da consciência. E, com isso, nós podemos muito mais.

Às vezes provoco risadas abafadas em palestras quando digo que entre as pessoas mais generosas e de valores mais incorruptíveis estão muitos dos CEOs e empresários de grandes organizações.

Eles são bem remunerados? Sim, claro. E precisam ser pelo mesmo motivo que o Ayrton Senna também era: eles aprenderam a lidar com riscos enormes. E serão os responsáveis pelos resultados de suas ações, para o bem e para o mal.

Só que, muito frequentemente, os grandes líderes de organizações são pessoas que continuam querendo colaborar para desenvolver corporações mesmo depois de serem milionários. Assumem o risco do fracasso e por isso ganham o potencial do sucesso.

E o fazem não apenas pela remuneração. A grande maioria não precisa mais pensar em dinheiro depois de uns dois, três anos na liderança geral de uma organização importante. Seguem nesse caminho pelo desafio e pela emoção da contribuição.

Uma pessoa que eu admiro muito é o Wilson Poit. Tive a alegria de ser conselheiro de um curso de formação em coaching que ele frequentou. Já durante o curso, nos entendemos bem e, de lá para cá, nos tornamos amigos, o que muito me honra.

O Wilson vem de uma pequena cidade no interior de São Paulo e se descobriu empreendedor. Como é muito frequente nas grandes biografias, tentou mais de um caminho, acertando e errando, mas, principalmente, aprendendo.

Finalmente, com inteligência e competência, acertou na veia ao produzir geradores silenciosos. A sua empresa, Poit, foi líder de mercado na América do Sul até que foi comprada por um grupo internacional, deixando algumas gerações futuras de sua família sem maiores preocupações financeiras.

Mesmo antes de vender a empresa, ele já havia percebido a necessidade de criar um Conselho para a mesma e deixá-la auditada, preparando-se para a próxima fase de sua vida. E o que ele fez com a sua carreira de imenso sucesso até então?

Reinventou-se: foi convidado a colaborar com a administração pública tanto na esfera municipal, quanto na estadual e na federal. Acabou aceitando ser o Secretário de Turismo da cidade de São Paulo. Sob sua administração os frequentadores das praças da cidade ganharam acesso gratuito à internet, as ruas se tornaram mais iluminadas e o Palácio de Convenções do Anhembi passou por uma reavaliação de rumo para ganho de qualidade e readequação, entre vários outros projetos.

Antes de assumir o cargo público, ele desistiu de ser conselheiro nas empresas onde atuava e recebia honorários consideráveis, para trabalhar para a Prefeitura de São Paulo. Fez isso pelos honorários de gestor público? Resolveu desenvolver uma carreira de político profissional? Não. Fez isso porque o seu senso de contribuir, que já era grande enquanto empreendedor, CEO e líder, se tornou maior ainda.

Há várias formas de se ampliar a consciência e todas são positivas. Mas isso somente irá acontecer a partir do momento que você entender o quanto é importante e essencial o investimento em autoconhecimento através de livros, cursos, congressos, grupos de relacionamento, discussão e tudo o mais que falamos aqui até agora.

A principal diferença que tenho visto entre pequenos empreendedores e grandes empreendedores é que os grandes empreendedores não têm medo de errar e de perder tudo. Sabem que, mesmo se perderem tudo, estarão passando por um aprendizado tão importante que, na vez seguinte, irão obter um sucesso maior ainda.

No entanto, é uma decisão de vida. A decisão de assumir que o erro faz parte da vida, que faz parte do aprendizado. A decisão de se fortalecer psicologicamente porque muitas pessoas poderão vir a criticar as suas decisões.

Se você assumir verdadeiramente esse caminho, terá sucesso, acertando ou não, porque sairá maior, mais fortalecido e com mais conhecimentos.

Mais uma vez, *conhece-te a ti mesmo*.

Conhecer-se significa uma viagem com honestidade para dentro de si. Há pessoas que nos rodeiam que estão dispostas a nos auxiliar nessa jornada e há pessoas por perto que vão nutrir os comportamentos que não nos ajudam.

Conhecer-se requer inteligência, mas não aquela dos superdotados. A inteligência de agir através de atos conscientes. Isso significa agir para conhecer todos os campos nos quais podemos melhorar.

Um livro que eu recomendo com alguma frequência a quem quer entender mais profundamente alguns fatores de sua performance profissional é *O fator pai* (2008), de Stephan B. Poulter. Nesse livro o autor investiga como o legado paterno pode afetar a vida profissional. Ele fala de cinco estilos de paternidade: superexigente, explosivo, passivo, ausente e mentor-compreensivo.

O interessante é que muitas vezes nós reconhecemos mais de um estilo de paternidade na figura que representa o pai que temos ou que tivemos. O desafio é, portanto, reconhecer como cada tipo de paternidade pode criar alguns obstáculos ou estímulos na vida profissional de uma pessoa. Entender essa herança permite que possamos aprender a utilizar ferramentas proativas que nos amparem para anular os possíveis obstáculos herdados.

As figuras femininas são essenciais na vida de todos nós também. Mas a sua função é outra. Mesmo quando uma mulher é uma grande líder. Todos nós temos um lado masculino e um lado feminino. Entender essas influências e modular as características que não nos ajudam em nossa carreira faz parte da inteligência emocional que todos devemos desenvolver.

Quando digo que devemos agir com inteligência, significa não deixar que a vida ou os outros sejam os condutores de nossa existência, de nossa vontade ou de nosso futuro. Você vai me ouvir insistir nesse ponto.

Tenho testemunhado muitas pessoas vivendo em prisões dentro delas mesmas por motivos que desconhecem. Isso não pode acontecer. Seja o capitão da sua alma! Faça como Nelson Mandela e inspire-se no poeta William Henley: *Eu sou o mestre do meu destino, eu sou o capitão da minha alma!*

Inúmeros são os casos de pessoas que sofrem acidentes e, mesmo com limitações impostas como consequência do acidente, se tornam uma inspiração para todos ao redor por seguirem firmes buscando alcançar seus sonhos, muitas vezes até mesmo com mais afinco do que antes.

Contudo, mesmo que soframos um acidente, podemos decidir como vamos viver até o último minuto de vida. Podemos nos esconder em uma cabine ou ir para a frente do navio e gritar a plenos pulmões "Eu sou o dono do mundo!", como feito por Jack, personagem icônico do filme *Titanic*, de James Cameron.

Como pais e tutores, também nós podemos colaborar para que nossos filhos e tutelados possam crescer já com uma postura diferente. Além da nossa atitude no dia a dia, também podemos agir durante o sono de outras pessoas.

O estado de sono é caracterizado por um padrão de ondas cerebrais típico, essencialmente diferente do padrão do estado de vigília, bem como o verificado nos demais estados de consciência. Dormir, nessa acepção, significa passar do estado de vigília para o estado de sono. No ser humano, o ciclo do sono é formado por cinco estágios e dura cerca de noventa minutos. Os fins e os mecanismos do sono ainda não são inteiramente claros para a ciência, mas têm sido objeto de intensa investigação.

No entanto, do que já se sabe, os três estágios iniciais duram em torno de 30 a 40 minutos. Após esse período, a pessoa entra em sono profundo. Esse estágio caracteriza-se pela secreção do hormônio do crescimento em grandes quantidades. Por isso é tão imporante que jovens em fase de crescimento tenham noites completas de sono. Essa fase tem um papel anabólico, sendo essencialmente um período de conservação e recuperação de energia física para todas as idades.

Mas é também um período em que podemos dialogar com o subconsciente das pessoas. Apoiado em estudos que revelam que essas absorvem informações quando estão no sono profundo, adotei a estratégia de interagir em meus filhos à noite, especialmente quando eram pequenos.

Quando já estavam no sono profundo, chegava perto do ouvido de cada um e sussurrava frases como "o papai te ama", "a mamãe te ama", "você é saudável", "você é feliz" e "você é uma pessoa de sucesso". O começo era igual para os dois, mas depois das frases iniciais, eu frisava algumas forças específicas para cada um. Enquanto para um eu sussurrava "você gosta de brincar com os colegas na escola", para o outro eu sussurrava "você gosta de ir à escola", e assim por diante.

Não se trata de lavagem cerebral, mesmo porque cada ser humano é dono de si e decidirá finalmente o que quer fazer de sua própria vida. Contudo, é um bom método de sugestão e complemento para a educação dada aos filhos ou até mesmo para tratamentos físicos e psicológicos. Há inúmeros relatos de pessoas que, mesmo em estado de coma, ouviam tudo o que se falava ao seu redor. Então, invista nas pessoas que ama de todas as formas.

E uma das pessoas que você ama é você mesmo! Aliás, você deve ser a primeira pessoa na sua lista. Estando bem e saudável você estará, inclusive, mais forte para poder ajudar e contribuir com as outras pessoas e instituições.

Se você toma cuidado com o que come e bebe para ter energia e uma vida saudável, deve ter cuidado também com o que vê, lê e escuta. Tudo isso faz parte da alimentação do seu corpo e da sua alma.

Notei mudanças no comportamento dos meus filhos ao longo dos anos e tenho certeza de que falar com o subconsciente deles contribuiu para a sugestão de comportamentos que os ajudaram em suas trajetórias.

Como eu disse anteriormente, ninguém manda na vida do outro, mas podemos sugestionar as pessoas. Se elas escolherem o caminho do crescimento, a sugestão que você oferece ganhará mais força. Os profissionais de marketing fazem isso o tempo todo. E se podemos fazer isso com os outros, podemos com mais eficiência ainda com nós mesmos.

No livro *Quem pensa enriquece* (2009), Napoleon Hill conta várias histórias verídicas que são modelos extraordinários. Uma das mais interessantes é justamente a respeito do filho dele, na primeira metade do século XX.

O menino nasceu sem as orelhas, e os médicos disseram que ele provavelmente nunca iria ouvir ou falar. Napoleon, por sua vez, decidiu que o seu filho iria ouvir e falar. Ele ficava remoendo a frase que ele mesmo havia escrito anos antes: "As únicas limitações são aquelas que estabelecemos em nossa mente".

A primeira decisão que tomou foi que iria transferir esse desejo ardente de ouvir e falar ao seu filho, para que a natureza, por seus próprios métodos, transformasse isso em realidade física. Após algumas semanas, Napoleon percebeu que o seu filho percebia os sons.

Ele comprou um toca-discos e, com grande expectativa, colocou um vinil para o filho. O menino adorou e passou a querer que repetissem a experiência o tempo todo. Ele tinha até uma canção de sua predileção. Ficava com os olhos cravados no aparelho. Futuramente Napoleon veio a descobrir que existe um fenômeno chamado condução óssea do som que levava o seu filho a ficar hipnotizado por aquela máquina sensacional!

Napoleon percebeu também que, se falasse com os seus lábios tocando o osso mastoide do filho, ou na direção da base de seu cérebro, o menino ouvia com certa clareza. Foi assim que ele descobriu a ferramenta para incitar em seu filho o desejo ardente de ouvir e falar.

Ao perceber que o menino gostava de ouvir histórias antes de dormir, passou a inventar histórias desenvolvendo a sua autoconfiança, imaginação e intenso desejo de falar e ouvir. E uma das histórias que repetia com frequência dizia a ele que a deficiência não era uma desvantagem, e sim um recurso de grande valor.

O resultado foi que, num determinado dia, aos 7 anos de idade, o menino saiu de casa por conta própria para vender jornais. Apesar do desespero da mãe durante o sumiço, o seu espírito e a sua vida estavam salvos. Ele estudou, aprendeu, se desenvolveu e foi um homem de realizações e sucesso.

Isso prova o quanto é importante utilizarmos todas as ferramentas que estejam à nossa mão para sairmos da zona de conforto e contribuirmos com o nosso desenvolvimento e com o dos outros. Mais uma vez: ame ao próximo como a ti mesmo. Na verdade, ame a ti mesmo e ao próximo.

Amar a si significa buscar a autorrealização. Pessoas realizadas têm vidas com significância e contribuição.

Só que, muitas vezes, mesmo adotando todas essas iniciativas, ainda pode faltar alguma coisa. A dedicação ferrenha em prol de um sonho pode não resultar se uma habilidade específica não for estimulada e muito bem desenvolvida: a humildade.

A humildade, quando entendida e vivida como um valor profundo no ser humano, gera a busca do conhecimento a todo momento. Vale tanto para o conhecimento prático, quanto teórico.

Muitas vezes, mesmo que estejamos fazendo tudo certo e investindo todas as nossas energias no caminho certo, podemos estar dando murros em ponta de faca sem estar percebendo.

Se sente que algo assim pode estar acontecendo com você, está na hora de assumir que não tem condições de saber tudo sozinho e investir em uma terapia ou coaching. Mas essa não é a única solução.

Além desses processos, que irão te ajudar a se entender melhor e a saber o que pode fazer para desenvolver novas habilidades interpessoais e profissionais, você pode descobrir que há áreas em que o seu conhecimento é muito baixo ou nulo e que precisará investir muito tempo ou energia para desenvolvê-lo.

Muitas vezes, em vez de desenvolver o conhecimento técnico de determinada área, vale mais a pena você trocar conhecimentos. E isso acontece com uma postura humilde de aprendizado. A melhor maneira para que isso ocorra é você pesquisar para saber quem são as pessoas que detêm ensinamentos que serão úteis e até imprescindíveis para a sua jornada.

O segundo passo será convidá-las para um café e bater um papo. Muitas vezes a pessoa pode deter ótimos conhecimentos, mas não combinar com você. Agradeça e siga em frente entrevistando outras pessoas.

Quando encontrar as pessoas com as quais você sente empatia, crie um grupo de mente mestra, ou *master mind*, conceito desenvolvido por Napoleon Hill. Tenho apoiado o desenvolvimento de grupos de *master mind* e garanto que muitas pessoas têm aprendido lições que não aprenderiam em nenhum outro lugar.

Quando eu estudava na Fundação Getúlio Vargas, um amigo muito próximo do meu pai o procurou com uma ideia, sugerindo sociedade em um novo negócio. Esse amigo é uma pessoa muito próxima em quem o meu pai sempre confiou. Nunca houve qualquer dúvida a respeito disso.

No entanto, antes de fechar a parceria com o amigo, o meu pai foi procurar pelo menos duas pessoas que estavam trabalhando na área pretendida para conhecer mais a respeito: uma agência de recolocação de empregos. E me levou junto.

Lembro-me de que uma das pessoas procuradas era um total estranho para nós. Muitas vezes temos receio de que as pessoas não vão nos receber, vão ocultar informações ou não serão gentis. Os dois entrevistados foram gentis e generosos. E, graças a eles, o meu pai descobriu que o ROI (retorno sobre o investimento) era muito lento para essa atividade.

Ele havia me levado nas reuniões porque pretendia me colocar como sócio-gerente do negócio, junto com o amigo dele, embora eu não soubesse disso no primeiro momento. Teria aprendido muito, com certeza. Mas acabei aprendendo mais ainda nas entrevistas, nem tanto pelo seu conteúdo específico, mas pela postura do meu pai em sempre investigar com quem detém a informação.

Essa experiência prévia tornou natural aprender com Napoleon Hill a respeito de *master mind*. No entanto, foi muito bom ler a respeito de alguém que conviveu com Ford, Edison, Eastman e outros grandes realizadores e saber que eles também agiam dessa forma. Eles sabiam que não há nada mais eficiente para o fortalecimento de nossa alma e dos nossos objetivos do que conviver com pessoas que pensam de forma parecida.

Pelo mesmo motivo, não há nada mais danoso para a realização de nossos sonhos do que conviver com pessoas que ficam o tempo todo minando as nossas ideias e iniciativas.

Quais são as pessoas que estão fortalecendo aqueles valores que você quer que cresçam em você hoje?

Quando foi que você começou a moldar para si o modelo de quem queria ser profissionalmente?

Com que idade você parou para pensar a primeira vez na vida em qual seria a sua profissão ou como seria a sua carreira?

Na Idade Média, a grande maioria das pessoas iniciava a vida profissional entre a infância e a adolescência, o que não era um choque, dados os valores da época.

Hoje em dia, quando um jovem trabalha, normalmente está protegido por leis e organizações. No Brasil, é considerado jovem aprendiz aquele contratado diretamente pelo empregador ou por intermédio de entidades sem fins lucrativos que tenha entre 14 e 24 anos. Ele precisa estar matriculado e frequentando a escola, caso não tenha concluído o ensino fundamental, e também deve estar inscrito em um curso ou um programa de aprendizagem desenvolvido por instituições de aprendizagem.

Ou seja, normalmente começa-se a falar de carreira, analisando a vida profissional do jovem adulto, tenha ele passado por um programa de aprendizagem ou a partir de um estágio profissional.

No entanto, em um aspecto, o jovem adulto de hoje aprende de forma muito parecida com o jovem da Idade Média: os aprendizes trabalham com os seus mentores e aprendem por observação, imitação e prática. Nada poderia ser mais verdadeiro do que essa definição para o desenvolvimento de jovens músicos, por exemplo.

Esses jovens são recebidos por veteranos que, com o passar do tempo, passam para eles não apenas as habilidades desejadas, mas também as regras tácitas, qual a melhor forma de se vestir, falar e até mesmo se comportar para terem sucesso e serem membros plenos de determinado setor, área ou organização (mesmo que ela seja uma orquestra!).

É tanto trabalho conseguir um lugar ao sol e ser aceito pelos colegas, que ter a coragem de se reinventar e começar tudo de novo é uma opção muitas vezes encarada como uma carta fora do baralho.

No entanto, mais dia, menos dia, todos nós questionamos se estamos na função certa, no cargo certo ou na empresa certa. E quando decidimos fazer testes de validação ou ensaiamos alguma transição, precisamos assumir as tentativas de falar diferente, de vestir-se de forma diferente e até de conviver com pessoas diferentes.

Claro que essa escolha é mais desafiadora quando já estamos no meio da carreira e não há mais aquele grupo de trabalhadores veteranos que recebem um jovem profissional inserindo-o com naturalidade no novo meio. Quando estamos no meio de nossa carreira, precisamos ser responsáveis por criar a nossa nova comunidade, o que exige determinação e uma boa dose de inteligência emocional.

Ibarra (2009) explica que somos livres para testar qualquer identidade que queiramos, mas que também precisamos do apoio dos outros:

> A identidade desejada permanece incompleta e temporária sem o selo de aprovação de um novo grupo de colegas, mentor ou comunidade. É importante conduzir nossos "ensaios de função" fora dos círculos usuais porque a velha audiência tende a boicotar o nosso papel.

Contudo, a primeira e principal pessoa que pode fazer um grande boicote a essa iniciativa está dentro de nós mesmos!

Você já se viu preocupado com a pergunta "o que dirão os meus amigos"? O mesmo vale quando se substitui amigos por pai, mãe, irmão, irmã, tio, avô, etc.

Se tem pensado em mudanças em sua carreira e a pergunta acima tem algum resquício de eco dentro de você, ainda que mínimo, preste muita atenção no importante exercício que vem abaixo. Todos os processos de transformação são mais efetivos quando há um ambiente de proteção para a mudança. A própria natureza nos prova isso através do casulo e do útero.

Robert Kiyosaki ensina um bom método para o reforço de novos valores em seu livro *Escola de negócios* (2012). Ele começa lembrando de alguns pensamentos que nos rondam às vezes, como:

1 – Gostaria de deixar o meu emprego.
2 – Estou cansado de passar de um emprego para o outro.
3 – Gostaria de ganhar mais, mas não posso me dar ao luxo de pedir demissão e começar tudo de novo em outra empresa.
4 – Não quero voltar à escola para aprender uma nova profissão.
Etc.

Mais adiante ele dá alguns exemplos de pessoas que realizaram grandes feitos como Ford, Edison e Bill Gates e fala um pouco dos valores que as moveram. Finalmente explica que elas tinham valores semelhantes. Logo, pessoas assim agem de forma semelhante.

Quais os principais valores de seus amigos e das pessoas com quem você passa a maioria do seu tempo?

Baseado no exercício de Kiyosaki, quero pedir a você que preencha as listas abaixo:

QUAIS OS SEUS PRINCIPAIS VALORES? (ESCREVA PELO MENOS CINCO.)

_____
_____
_____
_____
_____

QUAIS OS PRINCIPAIS VALORES QUE VOCÊ QUER REFORÇAR OU DESENVOLVER? (ESCREVA PELO MENOS CINCO.)

_____
_____
_____
_____
_____

QUAIS AS OITO PESSOAS COM QUEM VOCÊ PASSA A MAIOR PARTE DO SEU TEMPO? (SE VOCÊ TIVER FILHOS, CONSIDERE TODOS COMO APENAS UMA PESSOA.)

_____
_____
_____
_____
_____

QUAIS OS TRÊS PRINCIPAIS VALORES DE CADA UMA DELAS? PREENCHA DO LADO DIREITO DA TABELA ABAIXO.

NOME	VALORES
1.	
2.	
3.	
4.	
5.	
6.	
7.	
8.	

Agora compare os valores que você quer reforçar ou desenvolver com os valores dessas pessoas. Quais delas estão alinhadas com esses valores que você quer desenvolver? Quais delas não estão alinhadas?

Uma vez tendo o conhecimento disso, você deve aumentar ou começar a investir mais tempo com as pessoas com valores mais próximos aos que quer desenvolver. Da mesma forma, deverá diminuir o tempo de convívio com as pessoas com valores distantes daqueles que deseja desenvolver ou aprimorar.

Algumas pessoas que você conhece, mesmo gostando sinceramente de você, poderão omitir informações porque os seus valores são diferentes dos seus. E elas estarão supostamente te protegendo. Mas o que estarão fazendo, na verdade, é o "protegendo" da vida. Diminuindo sua capacidade de ser uma pessoa completa e realizada.

Martin Luther King disse: *No final, não vamos nos lembrar das palavras dos nossos inimigos, mas do silêncio dos nossos amigos.*

Se uma das pessoas com valores diferentes daqueles que você quer reforçar ou desenvolver for alguém muito próximo, como o seu pai ou a sua mãe, você deverá adotar a mesma estratégia.

Não deixará de amá-los ou respeitá-los. Mas talvez você precise, por um período, conviver por menos tempo com eles para que haja espaço livre na sua vida a fim de que os novos valores possam crescer, fortalecer e frutificar.

A estratégia de conviver com pessoas que reforçarão os valores que você escolheu te ajudará a ter a necessária paciência quando surgirem os momentos de desespero durante o processo de transição.

Lembre-se: você deve lutar por pequenas e consistentes vitórias. Não queira tomar uma grande decisão cabal que mudará toda a sua vida profissional sem antes testar possibilidades e reforçar os valores que lhe apoiarão na mudança.

Os pequenos ganhos travam batalhas de sucesso exatamente onde você mais precisa: as premissas básicas que definem a sua vida pessoal e profissional.

CAPÍTULO VII

POR QUE VOCÊ ESTÁ NESTE PLANETA?

"A única maneira de fazer um bom trabalho é amando o que você faz.
Se você ainda não encontrou, continue procurando. Não se desespere.
Assim como no amor, você saberá quando tiver encontrado."

Steve Jobs

Comecei a estudar piano aos seis anos de idade e, embora não fosse muito estudioso quando criança, sempre fui apaixonado por música. Ao longo dos anos, fui aprendendo outros aspectos da área, e a teoria musical ficou por último.

Quando adolescente eu compunha ao piano. Não tinha paciência para escrever na partitura e gravava em fitas cassete. Na verdade, eu nem tinha conhecimento suficiente para escrever bem as minhas composições. Não sabia o que era harmonia ou contraponto, por exemplo.

A harmonia, palavra muito comum em aspectos não musicais, na música é o resultado de dois ou mais sons tocados ao mesmo tempo. Ou seja, chamamos de harmonia o conjunto de acordes musicais e as suas relações.

Para se entender melhor o que ela significa, convido você a ouvir primeiramente um canto do primeiro milênio da era cristã, por exemplo o Ofício de Natal gravado pela Schola des Pères du Saint-Esprit du Grande Scolastic de Chevilly.

Você ouvirá um grande grupo de monges cantando todos a uma só voz, em uníssono. É um extraordinário trabalho onde, quanto mais sinergia for desenvolvida, é possível – em uma extrapolação do estilo – pensar até mesmo que há apenas uma pessoa cantando. Nesse caso não faz sentido falar de harmonia. Todos estão cantando a mesma nota, que, sozinha, não forma um acorde. Portanto, não há uma sequência de acordes, e sim uma sequência de notas, que formam uma determinada melodia.

Outra forma de canto sacro da Idade Média é a maravilhosa "Missa Papae Marcelli", escrita por um dos maiores compositores da época e da história, Giovanni Pierluigi da Palestrina. Ouça o início do primeiro movimento, o Kyrie, e perceba logo no começo da audição que os cantores formam acordes com as suas vozes e que estes alteram as cores da sonoridade a cada instante. A forma como estão dispostos é a harmonia da música.

Falando de contraponto e, para entender o quão complexo ele pode ser, sugiro ouvir com atenção algumas partes da mesma missa de Palestrina. Tente escutar cada uma das melodias separadamente. Agora imagine: como escrever cada uma dessas linhas de forma que sejam belas e que, juntamente com as outras, formem harmonias interessantes e, ainda, que o conjunto completo se transforme em música inspiradora. Esse é o contraponto: a forma como se escreve e se relaciona diferentes linhas melódicas, construindo um todo.

Apesar da deficiência teórica que tinha em minha adolescência, ouso dizer que tinha um ótimo ouvido e certa sensibilidade para compor ao piano peças que eram bem razoáveis.

Futuramente, interessando-me seriamente pela música e estudando a fundo teoria musical e composição, entendi que estava escrevendo cada vez mais músicas do mesmo tipo. Ou seja, eram boas músicas, mas não havia um estilo original, algo que eu pudesse chamar de unicamente meu. No entanto, intuitivamente, entendia o todo de uma música e conseguia compor algo que fazia sentido com começo, meio e fim (pelo menos na maioria das vezes, eu acho...!).

Quando iniciei os estudos em harmonia, um novo mundo se abriu para mim. Comecei a entender melhor de que eram feitos os acordes e os porquês de haver certo tipo de acorde antes do outro. Também passei a compreender que alguns tipos de acordes eram mais comuns em determinada época da história e outros em outras épocas.

Inicialmente, criou-se uma confusão. As primeiras tentativas que eu fiz de escrever algo meu ao piano, aplicando os novos conhecimentos harmônicos, foram frustradas. A ideia do todo havia se perdido. Aquele monte de teoria musical que concatenava acordes era como se a música tivesse se tornado uma fórmula e eu não mais pudesse deixar a beleza fluir através de mim.

Com alguma persistência, causada antes pelo meu amor à música do que pela minha maturidade, e passados alguns meses, voltei a ter melhor percepção do todo, compondo novamente com liberdade e agora com o domínio de uma escrita harmônica mais sofisticada.

A próxima fase foi então me debruçar em estudos de contraponto. Embora seja verdadeiramente fascinante, é a área da teoria musical da qual muitos alunos fogem ou não se dedicam tanto quanto deveriam porque exige muito trabalho e estudo. O contraponto, ademais, precisa de certo tempo para ser absorvido, talvez mais ainda do que a harmonia. Entender racionalmente não é tão complicado, mas a questão é você treinar o suficiente para que aquilo comece a fazer parte de você efetivamente. E uma nova confusão se criou.

Mais uma vez, passei a escrever com a sensação de que estava seguindo fórmulas a maior parte do tempo. Contudo, ao longo dos anos, também o contraponto passou a fazer parte do todo, e eu me sentia cada vez mais livre na escrita musical.

Então foi a vez da composição. Tive três professores extraordinários, todos excelentes compositores. Cada um contribuiu enormemente, por motivos diferentes, com o meu desenvolvimento musical: Aylton Escobar, Osvaldo Lacerda e Almeida Prado.

No início do processo de aprendizado e desenvolvimento de minha escrita musical, também as minhas composições pareciam um caos. Passando por um honesto processo de autoconhecimento através da escrita musical, comecei a aprender, lentamente, quem eu era e quem queria ser enquanto compositor e provocador do meu tempo por meio da música. Ao longo dos anos, fui desenvolvendo uma compreensão do todo na música, como compositor e maestro. Creio que seguirei aprendendo sempre neste universo fascinante que é o da arte.

Passei a entender, porém, que ao ter um tipo de compreensão do todo na música, já era possível escrever uma obra que fazia sentido para mim, atuando e permitindo o fluir da arte através de mim e, contudo, seguir aprendendo sempre.

Convido o leitor a conhecer um exemplo de composição na qual acredito que esses elementos constitutivos da música estão amadurecidos: o ciclo de peças para piano solo de minha autoria chamado *Fases de criança*, do CD *Piano brasileiro contemporâneo III – Para as crianças*. É um dos bons exemplos do resultado de todo tipo de insumo que foi investido em mim e que voltou para a sociedade na forma de um ciclo de peças para piano para ser ouvido pelas crianças para estimular a sua imaginação e o seu universo sonoro. Há títulos como

"Saci", "Patinando", "Jogo eletrônico", "Pipocas" e "As aventuras do Super-Super", entre outros.

Muito do que sei, do que conheço e de minhas concepções musicais, talvez não mudará mais nesta vida porque já está bem arraigado. No entanto, outras convicções poderão se transformar. Fico muito feliz por ter alcançado esse estágio de compreender realmente que eu posso saber cada vez mais.

Todavia, é importante ter uma sólida formação teórica e prática para ao mesmo tempo atuar com excelência e estar aberto para os novos conhecimentos. E para continuar ampliando, crescendo e aprendendo é essencial treinar continuamente a humildade.

Da mesma forma que eu falei um pouco da minha vida musical, você pode ter associado paralelamente às minhas experiências a um aspecto relevante da sua vida. É importante associarmos os aspectos de nossa vida à qualidade de nosso desempenho pessoal e profissional. A vida é um todo. É a soma de tudo o que vivemos e experimentamos. Mas é também a soma de tudo o que NÃO vivemos e NÃO experimentamos.

Para entendermos melhor em que momento estamos e se estamos na direção certa, é importante fazer avaliações constantes em nosso caminho, que é o que eu acredito que você decidiu fazer ao ler este livro.

Em matemática funciona da mesma maneira: se eu ler o enunciado de um problema e começar a resolvê-lo sem prestar atenção no exercício como um todo, poderei perder de vista a melhor maneira de resolver a questão. Quanto mais ampliado o meu raciocínio e quanto maior o meu esforço para enxergar de modo amplo, mais possibilidades de resolução eu enxergo.

Este é o motivo pelo qual muitas pessoas se desesperam. Elas tendem a enfocar toda a sua energia em um momento ou situação. Quando passam por uma fase de crise, é como se a vida inteira estivesse em crise e nunca fosse melhorar. Mais ainda, muitas vezes tendemos a pensar que toda a nossa vida foi inútil, que não valeu a pena.

TODA VIDA VALE A PENA!

Todas as experiências valem a pena e fazem parte do todo. Somente é possível se compor uma bela sinfonia quando se tem experiências suficientes, positivas e negativas, para se misturar tudo o que vem de fora com tudo o que se tem dentro e poder se criar algo realmente genuíno e pessoal.

Para algumas pessoas, isso pode ser desenvolver uma forma pessoal de dar aulas, para outras pode ser uma forma pessoal de gerir equipes. O que é muito importante é se ter em conta que não se chega a um estado de excelência de uma hora para a outra.

O estado de fluência ou *flow*, que mencionamos anteriormente, é citado por Gladwell em seu livro *Outliers* como o resultado de muitas horas de dedicação e foco em uma determinada área. Mas é também o resultado de uma postura inteligente. É a consequência da opção de querer ter sucesso.

Às vezes alguns de nós temos a franca vontade de obter sucesso, mas nos esquecemos do quanto o foco e a excelência de desempenho também são importantes para este objetivo.

Quando me mudei de São Petersburgo para Novosibirsk, na época em que estudava regência orquestral, comecei a reger grupos musicais. Costumava ficar muito preocupado com tudo o que fazia na frente dos músicos. Suava que nem um louco e muitas vezes eu deixava de perceber alguns detalhes.

Via de regra, tudo o que acontece com um grupo é responsabilidade do líder, certo? E não importa se o líder tem pouca experiência. O grupo e as pessoas em geral querem uma performance excelente do líder e que os inspire.

Passadas algumas décadas de experiência, eu consigo hoje, como maestro, aproveitar o momento nos ensaios e estimular alterações onde eu acredito que devam ser feitas em benefício do resultado final. Mas foram muitos momentos de aprendizado para chegar a este estado.

Na primeira vez que regi um concerto para piano e orquestra, dirigi o Concerto N° 2 de Frédéric Chopin, uma obra desafiadora para um jovem regente. A solista convidada era uma jovem de 15 anos de idade que, apesar de boa pianista, era muito inexperiente. A peça, belíssima, dá margem a muitos momentos de *rubato*, ou seja, liberdade de interpretação. Isso já é natural em Chopin, mas a jovem em questão tocava a cada ensaio de uma forma diferente, mesmo tendo combinado comigo anteriormente os pontos onde se utilizaria de mais liberdade e os pontos onde tocaria de forma mais estrita.

Na hora do concerto, a solista acabou por tocar diferente de todos os ensaios, inclusive o ensaio geral. Foi um grande aprendizado para mim, mas foi um tanto estressante também.

No mesmo concerto, regendo a Orquestra Filarmônica de Omsk, tive a honra de estrear a Sinfonia de Constantin Brysov, cuja partitura – por problemas do correio russo na época – eu recebera apenas 48 horas antes do primeiro ensaio. Aquela semana me fez ter que estar totalmente presente, atento e pronto para reagir a cada fração de segundo.

Por ser a música uma grande paixão em minha vida, fiz outras experiências que me ajudaram a chegar a uma grande fluência como maestro. Já no Brasil, dei a mim mesmo um grande desafio em determinado concerto: dirigi um programa com obras exigentes inteiro de memória, sem a estante e partituras à minha frente.

Falando de paixão, a minha noiva me disse que, quando eu a convidei para tomar sorvete pela primeira vez, ela perdeu a noção do tempo. Ela olhava para as paredes ao lado e não sabia onde estava. Nós dois estamos vivendo uma grande paixão desde então e, ao aceitar essa dádiva que a vida nos ofereceu, temos permitido que esse fluxo aconteça em nossa vida amorosa.

A paixão é uma das mais poderosas formas de concentração de foco em um determinado objetivo. Pense em alguém que você já viu se dedicando a uma atividade de tal maneira que se esqueceu da noção de tempo? Talvez você mesmo?

Lembro-me de vezes que estava compondo ao piano e, quando me dei conta, os últimos cinco minutos haviam sido na realidade duas horas!

Já aconteceu mais de uma vez de reger um grupo e, em determinado momento, não ter certeza se sou eu que estou movendo os meus braços ou é a música que está movendo a todos.

Há quem diga que só é possível se apaixonar por uma pessoa na vida ou por uma atividade. Eu discordo por experiência própria. Apaixonei-me várias vezes antes de me casar. Apaixonei-me novamente depois de me divorciar. Apaixonei-me pela música e também pelo coaching e pelo escotismo... e pelos meus filhos.

Este estado é o que vários tipos de pessoas experimentam como um estado de graça em determinada ação. É como uma total fluência. A capacidade de se entrar em fluxo demonstra uma inteligência emocional desenvolvida. É quando uma pessoa consegue canalizar as suas emoções para um alto desempenho e aprendizado.

Durante o período em que a pessoa vive esse fluxo, ela tem os seus sentimentos alinhados com a atividade que executa. Há uma profunda sensação de alegria e até mesmo êxtase. Nesses períodos, quando uma pessoa se exige pensar muito, agir racionalmente, ela pode até sair do fluxo. Este tem uma dinâmica própria e o excesso de racionalismo pode causar interrupção.

É quase um paradoxo porque a vida é consequência de nossas escolhas. No entanto, quando experimentamos o fluxo é quase como se abandonássemos a nossa consciência. É como se forças e habilidades que desenvolvemos anteriormente pudessem agir por nós ou através de nós.

Com quantas atividades ou habilidades na vida você já se sentiu agindo em fluxo?

Vou propor um breve exercício a você:

1. Pensando em sua infância, procure se lembrar: quais as atividades ou brincadeiras às quais você se dedicava horas a fio e se ninguém viesse te chamar, continuava até a exaustão?

2. E durante a adolescência?

3. E já como adulto?

Esse estado físico e mental que você experimentava nessas atividades é o fluxo ou *flow*. E o interessante é que, mesmo com atividades nas quais apresentamos baixa performance, temos a possibilidade de chegar a esse estado de fluxo. Basta nos dedicarmos a aprender, treinar e aperfeiçoar o nosso desempenho. E ter a paciência requerida para se chegar a esse estágio.

Esse tipo de experiência nos permite desenvolver ao longo da vida essa compreensão do "todo" nas mais diversas áreas. É uma construção muitas vezes aleatória, mas tudo o que passamos acaba por fazer sentido quando chegamos a experimentar os períodos de fluxo. Pessoas que vivem o fluxo com frequência e que se propõem a fazer parte desse "todo" tendem a construir legados mais relevantes.

Se você construir consistentemente durante os períodos em que viver em fluxo, possivelmente construirá um legado. Mas não se ganha acesso a ele de graça. É resultado de inteligência, persistência e esforço.

É por isso que uma música de Maurice Ravel faz tanto sucesso: ela surgiu do fluxo do compositor e se comunica com o todo universal. A música *Bolero*, de sua autoria, é uma das mais conhecidas da música clássica hoje em dia. Essa composição originalmente pensada para ballet se tornou uma das peças orquestrais mais tocadas no mundo, mesmo sem o ballet.

Ela ganhou essa notoriedade porque se trata de um tema bem estruturado pelo compositor, que é exposto várias vezes com percussão constante ao fundo e orquestrações diferentes a cada repetição. Ou seja, a cada repetição, o grupo de instrumentos utilizados é outro, com novas sonoridades. E por que nós, ouvintes, não nos cansamos de ouvir o tema por 17 vezes? Porque o ser humano se sente confortável com a fusão de dois fatores: previsibilidade e inovação.

Ravel repete alguns fatores o tempo todo, porém, ao mesmo tempo, varia a formação da orquestra a cada repetição do tema, nos enfeitiçando e fazendo com que queiramos ouvi-lo mais uma vez.

Se eu repetir sempre a mesma coisa, causarei desinteresse. Se eu inovar o tempo todo, as pessoas não têm tempo para assimilar e não se interessam também. É o mesmo quando falamos de estar em fluxo: se eu investir em atividades que não me estimulem, ficarei entediado e o fluxo é estancado. Se, por outro lado, eu me dedicar a atividades para as quais ainda não desenvolvi as habilidades bem o suficiente para executar, ficarei ansioso. E o fluxo se quebra novamente. E se eu estiver em fluxo 100% do tempo, me transformarei em uma carga elétrica humana.

A virtude está no meio.

Uma vez que a arte nos dá essa maravilhosa lição através da repetição e da inovação concomitantes, pensemos: como adaptá-la para o cotidiano?

Previsibilidade não tem a ver com fazer sempre a mesma coisa, e sim com ser previsível. Se há uma pessoa que trabalha do meu lado e cada vez reage de forma diferente ela é uma pessoa imprevisível. O problema de pessoas imprevisíveis é que não sabemos como reagirão, e isso tem impacto direto em sua produção profissional.

Mais do que isso: muitas dessas pessoas se permitem reagir de forma inadequada ou desagradável no contato interpessoal. Por isso empresas tendem a não gostar de pessoas emocionalmente imprevisíveis e dificilmente indivíduos assim crescem na hierarquia de organizações.

Mais uma vez, é necessário agir com humildade e inteligência. Se você detecta que tem comportamentos imprevisíveis, procure ajuda profissional. É possível modular esse comportamento para que ele não o atrapalhe em sua carreira.

E existe mais um aspecto que contribui enormemente para que possamos desenvolver a previsibilidade e nos tornar um profissional no qual a empresa não apenas confia, mas, ao longo do tempo, julgará ser imprescindível: um método.

Levei muito tempo para aprender isso. Como artista, sempre compunha de forma diferente, escrevia, pintava, geria meus projetos como eu achava que deveria ser. Ao longo do tempo, aprendi que ganhamos eficiência se aprendemos ou desenvolvemos um método e trabalhamos em cima dele.

Isso não significa que nunca mais podemos mudar o método. Pelo contrário, podemos e devemos aperfeiçoá-lo sempre. Até porque um bom método para gerir uma equipe pode não ser o melhor método para educar os filhos, por exemplo. Ou, um bom método para gerir uma agenda profissional, pode não ser uma boa opção para gerir a vida espiritual.

No entanto, quando se descobre que determinado método nos faz ganhar tempo, energia e eficiência em determinada área, é inteligente adotá-lo e aperfeiçoá-lo sempre que possível. Para isso, mais uma vez, precisamos estar atentos para estar com a humildade e inteligência em dia.

Muitos dos gestores, de chefes de seção a CEOs, que têm passado pelo processo de coaching, não têm método para gerir o seu dia a dia. É curiosíssimo porque quem está em posição de liderança foi colocado lá porque consegue ter boa performance como líder e gestor. Mas a maioria das pessoas não planeja a prioridade em suas ações.

Eu aprendi a lidar com as prioridades já há alguns anos e adotei esse método. Embora extremamente simples, enquanto eu não descobrir outro que possa ser melhor do que esse, continuarei utilizando-o. Vou ensinar abaixo o método de gestão de ações que tem feito grande diferença na vida pessoal e profissional de muitas pessoas, inclusive de grandes líderes.

LISTA DE PRIORIDADES

A primeira coisa a fazer é redigir uma lista de ações, ou no começo ou no fim do dia. Para a maioria das pessoas, funciona melhor começar o dia fazendo a lista. Nessa lista, você anotará todas as ações que precisa realizar. Pode ser uma lista somente para a vida pessoal, somente para a vida profissional ou de ambos os campos.

Normalmente, trabalho com uma lista profissional e incluo algumas ações pessoais que sejam mais relevantes ou urgentes.

Uma vez completada a lista, eleja os itens por prioridade. Você vai anotar na frente de cada item o que precisa fazer em primeiro lugar. Eleja apenas os itens mais urgentes.

Ao final, você terá uma lista ordenada por prioridade. Algumas ações que não sejam tão urgentes podem ficar sem ser ordenadas.

O ganho de performance começa aqui. Após terminar a ordenação da lista, você irá começar a realizar as ações. Começará pela ação nº1, é claro. O segredo está em realizar a ação nº1 até o final e só passar para a ação nº 2 quando a ação nº 1 tiver sido completada.

Se a ação nº1 for, por exemplo, entrar em contato com o diretor de RH da empresa X e você ligou ou enviou e-mail para ele, a ação está realizada por hoje. O diretor de RH da empresa X pode não estar presente no momento da sua ligação e você não vai ficar esperando ele chegar para considerar a ação realizada. Você tomou uma atitude a respeito e pode passar para a ação seguinte. Sugiro deixar anotado para ligar novamente mais tarde ou no dia seguinte, no caso de o contato ter falhado.

Faça a mesma coisa com a segunda ação e assim por diante. Se o dia tiver terminado e todas as ações urgentes não tiverem sido realizadas, recomece no dia seguinte, reordenando as ações.

Se você terminar a lista antes do fim de seu dia comercial, veja as ações que faltam e decida o que prefere fazer antes. Se as ações restantes não são urgentes, eventualmente outros valores seus possam ser satisfeitos com relação ao seu bem-estar particular ou à sua relação de convívio com pessoas queridas.

A lista de prioridades, uma vez adotada diariamente, potencializa a nossa produtividade e otimiza o nosso tempo.

Falamos anteriormente que as grandes obras artísticas e também a performance humana nas mais diversas áreas devem procurar previsibilidade e inovação. E falamos que, para conseguirmos o máximo de previsibilidade, é muito importante desenvolver métodos.

Então como ter inovação e previsibilidade ao mesmo tempo?

Na arte, costumo dizer aos alunos de composição ou workshop de criatividade que, quanto mais e melhor conhecemos as formas e quanto mais seguimos as suas características, mais livres estamos para criar. Embora possa parecer um contrassenso, é exatamente isso que acontece.

Gosto de cozinhar às vezes. Aprendi quando criança a preparar bom-bocado no Manual do Escoteiro-Mirim que, embora tivesse muito pouco a ver com o escotismo, chamou a minha atenção! Desde então eu devo ter desenvolvido algumas centenas de formas diferentes de se preparar o bom-bocado. E todas elas ficaram boas. O resultado das experiências foi, pelo menos, aceitável, porque eu conheço a forma básica da receita. E cada vez que eu a preparo, desenvolvo variações, utilizando os ingredientes que estão ao meu redor. É verdade que algumas experiências talvez não tenham sido um sucesso tão grande de público e crítica, mas é disso que se trata aprender com a experiência e crescer.

Inovar é estar permeável ao novo sempre sem, no entanto, jogar fora as fórmulas de sucesso aprendidas ou desenvolvidas. Isso poderá acontecer apenas quando uma nova fórmula ou um novo método se mostrar mais eficiente que o anterior.

Jorge Paulo Lemann criou um sistema de grande eficiência no Banco Garantia. Quando resolveu expandir o seu know-how para outras áreas, como bebidas e alimentos, manteve a fórmula de sucesso para gerir as empresas: meritocracia, simplicidade e busca incessante por redução de custos.

Muitas pessoas acreditam que em time que está ganhando não se mexe, como diz o dito popular. No entanto é exatamente o contrário. Precisamos mexer o tempo todo no time que está ganhando para que ele continue ganhando. Há empresas que acreditam em uma determinada fórmula e focam nela com toda a sua energia sem nunca prestar atenção em novas possibilidades. O grande perigo dessa fórmula é que pode garantir sucesso até mesmo por um longo período, mas nunca garantirá para sempre.

A Kodak, que já foi líder mundial na produção de câmaras fotográficas, decidiu em certo momento investir tanto na onda digital – a nova onda do final do século XX – quanto manter a linha analógica. Essa decisão foi tomada mesmo sendo a Kodak na época, no início dos anos 2000, a maior detentora de patentes digitais no mundo.

Os concorrentes, que enfocaram a sua ação na onda digital tiveram grande êxito e a Kodak nunca mais foi a mesma. Ela não foi rápida o suficiente para perceber que o mundo digital havia chegado para ficar e dominar, e acabou ultrapassada pelas outras marcas, inclusive algumas que nem participavam deste mercado antes.

Inovar significa aprender com a natureza. Ela está em constante mutação. Como nós vivemos apenas algumas décadas em um planeta que existe há 4 bilhões e meio de anos, muitas vezes não prestamos atenção nessa grandiosa lei: o universo está em constante crescimento e a natureza do planeta Terra em constante mutação.

Adaptar-se ao momento presente pode significar a diferença entre sobreviver ou não. Essa máxima valia para o homem das cavernas e vale para as empresas mais modernas de nosso tempo.

Uma coisa é você saber quem é, entender os seus valores e a sua missão. Outra coisa é você adaptá-los à realidade.

Lembram do *Bolero*, de Ravel? Por que ele faz tanto sentido para tanta gente mundo afora que gosta e ouve repetidamente essa peça?

Porque a vida nos ensina que a essência não muda, o coração não muda, mas os acontecimentos e o meio deles sim.

A melodia é a mesma, o ritmo da percussão é o mesmo, mas a orquestração da obra está em constante mutação. E há ainda a possibilidade de ouvir a mesma peça em arranjos para novas formações orquestrais, o que estimula novamente a nossa criatividade auditiva interior, em cima de um tema e ritmos já conhecidos.

Tanto o homem das cavernas quanto o homem moderno, um artista, uma obra de arte ou uma organização tem um sentido de ser. E quanto mais sucesso essa pessoa, obra ou organização tiver, normalmente é porque conseguiu de alguma forma falar com um grande número de pessoas.

Moisés, Cristo, Gandhi, Maomé ou Buda não teriam colaborado tanto para a evolução e mudança dos hábitos das pessoas neste planeta se não tivessem falado para o coração dessas pessoas.

Da mesma forma foi com Alexandre, Aníbal, Bonaparte, Stalin e Hitler. Foram responsáveis pela morte, tortura e assassinato de milhões de pessoas porque de algum modo conseguiram falar para o coração de multidões.

Então, CUIDADO!

Você está ouvindo seu coração?

Está seguindo seus valores?

Tem escolhido mentores certos?

Está desenvolvendo sua intuição?

Se estiver neste caminho, parabéns! Você está cumprindo aquilo que todo ser humano deve cumprir, está buscando aquilo que todos devem buscar. Enfim, está se preenchendo daquilo que todos nós devemos nos preencher:

SIGNIFICÂNCIA.

Talvez possamos resumir tudo o que de mais importante foi falado até aqui em 3 Frases Poderosas. Se fizerem sentido para você, copie e cole em um local onde você poderá ler todos os dias e repetir diariamente em voz alta até que todas essas ações estejam incorporadas em sua rotina:

> Eu presto atenção nos meus valores, na minha missão e nos métodos que me tornam um ser humano mais eficiente.
>
> Procuro estar sempre em fluxo comigo mesmo, com o coração aberto para as mudanças, buscando sempre aumentar a minha significância.
>
> Desenvolvo conhecimentos e me apoio em mentores para ser uma pessoa realizada e contribuir com as outras pessoas.

Espero que, a essa altura, eu já tenha provocado em você algumas reflexões e que você esteja experimentando algumas novas ações em sua vida. Tudo isso é muito importante, mas de nada adiantará se, mesmo adotando essas ações e vivendo as 3 Frases Poderosas, você sentir um vazio interior.

Pode ser que você tenha ganhado performance e que você esteja preenchendo alguns valores em sua vida. Mas se você ainda sentir um vazio, peço para fazer a seguinte análise:

Você sente que o seu trabalho é especial?

O seu trabalho faz você se sentir uma pessoa especial?

Certa vez um visitante da Nasa estava passando pelo corredor e, ao engatar algumas frases com uma pessoa que fazia a limpeza do local, ouviu da mesma: *Eu estou ajudando a levar o homem para o espaço*.

Veja como a missão pessoal daquela pessoa estava alinhada com a sua função e como a própria instituição estava sabendo trabalhar bem os seus valores internamente junto aos seus colaboradores.

Se você vive os seus valores, então está trabalhando para uma instituição cujos valores são próximos aos seus. E, se isso acontece, não importa qual a sua função na empresa, porque você está colaborando para que esses valores sejam difundidos, como a pessoa da limpeza da Nasa.

Caso você não esteja sentindo o quão relevante é o seu trabalho para a sua empresa, sugiro reavaliar o que faz hoje e se deve continuar nessa função.

Digo o mesmo para o trabalho voluntário. Porque é trabalho da mesma forma. Um trabalho voluntário deve ser encarado da mesmíssima forma que qualquer outro, tanto no sentido dos seus valores e missão alinhados com a instituição quanto você saber e sentir que o seu trabalho é especial.

Uma ressalva importante de alguém que tem trabalhado como chefe escoteiro há alguns anos: o que você puder se comprometer a fazer, faça. O que você não puder se comprometer a fazer, não faça. E se o que você pode oferecer no momento não é o suficiente para a organização, saiba declinar da possibilidade de colaborar com ela neste momento.

O trabalho voluntário deve ser encarado com a mesma seriedade que qualquer outro, tanto para preencher a sua missão e verdade interior quanto para servir verdadeiramente a instituição e o próximo.

CAPÍTULO VIII

COMO APRIMORAR O *TIMING* DE VIDA

"A melhor visão é a intuição."
Thomas Edison

Tive experiências diversas que me fizeram aprender muito a respeito da relevância do meu trabalho.
Sempre gostei de dar aula, compor, reger e tocar. E fiz isso por vários anos. E, em algum momento, entendi que o que me encantava em qualquer atividade era participar do desenvolvimento humano, junto às pessoas.

Uma das experiências de maior aprendizado foi quando estudava na Sibéria, na cidade de Novosibirsk. O meu professor era excelente, o maestro Arnold Katz. Mas o conservatório da cidade, embora muito bom, não tinha uma orquestra residente com a qual nós pudéssemos treinar.

Um dia eu ouvi uma pequena orquestra de cordas formada por jovens ensaiando. O seu nível era inacreditável. O grupo se chamava Orquestra de Câmara Jovens Virtuoses da Sibéria. Eram 20 jovens de 13 a 20 anos de idade, cuja metade deles já era vencedora de concursos internacionais. Com frequência, o grupo ensaiava no próprio conservatório, apesar de que poucos deles já estivessem em idade para ter aulas na instituição que equivale ao ensino superior em música na Rússia.

Eu sabia que o meu background em música era proporcionalmente menor ao deles. Eles haviam sido reconhecidos como talentos especiais ainda muito novos e estudavam na escola especial de música da região. Apesar disso, e sem ter um grupo orquestral com o qual treinar, decidi-me por falar com o diretor do grupo, professor Viktor Minassian.

Ao final de um ensaio, apresentei-me e muito respeitosamente elogiei o trabalho deles, dizendo o quanto estava impressionado com o grupo. Mencionei ser aluno de regência no conservatório e perguntei se ele permitiria que eu fosse seu assistente, dirigindo uma parte dos ensaios quando fosse possível.

Ao que ele me respondeu:

– Você não vai ser meu assistente, vai ser regente do grupo junto comigo!

A resposta dele foi tão inusitada e especial que me pegou de surpresa. Só não me pegou de calças curtas porque do lado de fora fazia uns 30 graus Celsius negativos!

Comecei a aprender que há oportunidades à disposição que, muitas vezes, nós simplesmente não enxergamos porque não prestamos atenção no que está à nossa volta.

Aquele grupo já existia fazia algum tempo. Já havia feito excursões para outras cidades e países e era bem conhecido na cidade. Então, por que os meus colegas de classe e os outros que vieram antes deles nunca tiveram a iniciativa de fazer a mesma pergunta para o professor Minassian?

Há quem possa dizer que havia poucos estrangeiros estudando no Conservatório de Novosibirsk e que o professor Minassian achou interessante manter contato com um maestro estrangeiro em formação. É verdade. O Minassian era diferente da maioria das pessoas e também tinha iniciativa e enxergava as oportunidades mais do que os outros na Rússia dos anos 1990. Por isso ele havia criado aquela orquestra.

É fato que em muitas ocasiões ele foi dar aulas e resolver outros assuntos e deixou a orquestra sozinha na minha mão. Ele realmente precisava de um assistente. Entretanto, fui a primeira pessoa que se dirigiu até ele com uma proposta como essa. Tenho certeza de que ele teria aceitado de bom grado a mesma oferta se tivesse vindo de outro aluno de Arnold Katz.

Estava trabalhando de graça para ele, mas quem estava ganhando mais com aquela parceria era nitidamente eu mesmo. A questão é a visão de mundo de algumas pessoas. No mundo capitalista, muita gente tem medo de trabalhar de graça, sem enxergar os benefícios que esta ação pode trazer para si, tanto como aprendizado quanto para o desenvolvimento de contatos. No mundo comunista, a livre iniciativa havia sido extirpada das pessoas através de décadas de repressão.

Claro que o professor Minassian esteve presente a dois ou três ensaios conduzidos por mim, assistindo com muita atenção o que se passava. Depois que percebeu que podia confiar em mim para isso, me deixou várias vezes ensaiando com o grupo sozinho. Eventualmente, ele nem aparecia. Graças àquela oportunidade, ganhei muito em prática de regência dirigindo músicos extraordinários. Ou melhor, estávamos todos aprendendo e amadurecendo juntos.

Foi assim, por exemplo, quando eu escrevi um arranjo para orquestra de cordas em cima de romances de Carlos Gomes entremeados por variações do tema principal de sua ópera *O Guarani*. Ao ensaiar a peça com eles, nos comunicamos através de uma obra nova, baseada em canções de um compositor que eles não conheciam, mas que, talvez por ter uma linguagem do Romantismo, foi entendida perfeitamente bem no país de grandes românticos como Tchaikovski, Rimski-Korsakov, Mussorgski e Borodin. Por várias vezes eu me emocionei quando fizemos uma excursão ao Brasil dois anos depois tocando essa obra em várias cidades. Foi recompensador perceber plateias se emocionando também com essa releitura de romances de Carlos Gomes.

Para se ter uma ideia do nível destes músicos, Iliá Konovalov, na época o líder do grupo, estava com 18 anos de idade. No ano seguinte, ele foi escolhido por Zubin Mehta, um dos maiores maestros de nosso tempo, como o novo *spalla* (líder dos primeiros violinos) da Orquestra Filarmônica de Israel, uma das mais importantes de todo o mundo.

Só tive acesso a uma experiência tão rica quanto essa porque prestei atenção a uma oportunidade que se mostrava para mim.

E não foi apenas como músico que amadureci ao reger aquele grupo, foi também como líder. Se os seus liderados são muito bons no que fazem, você precisa ser no mínimo tão bom quanto eles enquanto líder. Isso não significa que você tem que dominar a área técnica de cada um. Por exemplo, eu não toco com proficiência nenhum instrumento de cordas. O meu instrumento de formação é o piano. Mas eu liderei uma extraordinária orquestra de cordas na Rússia por quase três anos!

Outro fator importante que aquela experiência me deu foi lidar com crianças e jovens. Eles eram crianças em muitas de suas ações, embora excelentes músicos. Eu mesmo era jovem, mas uma década mais velho do que a idade média do grupo e pelo menos cinco anos mais velho do que o mais velho de todos.

Ser mais velho pode ser uma vantagem no que tange a um suposto respeito que é provocado inicialmente, mas essa vantagem se perde rapidamente se você não atua como os jovens precisam ou esperam.

Um líder de determinada área não precisa saber, por exemplo, como se programam os aplicativos que fazem o setor funcionar. Ele tem alguém muito bom para isso. Mas ele precisa saber como fazer para que este alguém tenha uma alta performance na gestão destes aplicativos e escolher bem os colaboradores. Isso tudo é ter desenvolvidas boas habilidades de liderança.

Lidar com um grupo tão especial e aprender a cada dia como inspirá-los a se superar continuamente me ensinou muito. Também ousar como maestro desenvolvendo novas possibilidades e aprendendo a gerir dando liberdade de criação para os colaboradores me fez aprender muito.

O que valeu para mim como maestro vale da mesma forma para qualquer líder: saiba que você vai errar! Então erre rápido e seja inovador nos erros. Aprenda a lição para que eles não voltem a acontecer. É importante corrigir a rota rapidamente e, se for necessário, mudar de estratégia: prestar atenção no que está acontecendo à sua volta.

Muitos negócios de sucesso foram planejados para ser outra coisa ao se iniciarem, mas os seus mentores souberam adaptar a sua utilidade. Citando apenas dois dos exemplos mais antológicos: post-it e viagra.

Claro que a experiência com os virtuoses na Sibéria foi o começo de uma longa jornada que nunca terá fim. Mas foi uma ótima pedra fundamental! Nas fases futuras, aprendi muito no contato com outros grupos e outras culturas. Mas talvez a principal lição foi que nada acontece de forma absolutamente idêntica duas vezes na vida. A mesma sinfonia regida pelo mesmo maestro com a mesma orquestra logo a seguir não será idêntica.

Se você ouvir a mesma gravação duas vezes em seguida, a segunda audição não será igual à primeira porque você terá o histórico da primeira influenciando a segunda.

Portanto, precisamos estar atentos ao que acontece ao nosso redor. Quando estamos atentos, entramos em sintonia com a vida e com a natureza, e em harmonia com o universo.

Depois de alguns anos trabalhando basicamente como músico, voltei a investir em novos cursos e novas áreas. E acabei entendendo que meu crescimento e ganho de desempenho se deram porque eu havia aprendido a seguir quatro passos.

Analisando esse caminho, entendi que esses quatro passos consistiam num método. Desde então, tenho ensinado estes quatro passos para muitas pessoas. Tenho percebido que tanto eu quanto as outras pessoas têm conseguido aumentar o ganho de performance em suas vidas através deste método simples.

PRIMEIRO PASSO:

1. "ESTEJA SEMPRE ALERTA PARA OS SINAIS DA VIDA"

Fui escoteiro quando criança e sou atualmente chefe-escoteiro. Então é óbvio que o lema que Baden Powell desenvolveu quando convivia com os africanos na condição de mais jovem general inglês da história, "sempre alerta", fazia e faz todo o sentido para mim.

Mas o que é um lema? É algo que nos inspira e que procuramos seguir durante a nossa existência, como, por exemplo, "ame ao próximo como a ti mesmo". Ainda que acreditemos e sigamos um lema, não significa que vamos segui-lo 24 horas por dia até porque, talvez, ainda não estejamos preparados para isso. Por isso é um lema e não uma verdade absoluta como "eu sei escrever".

Havia um grupo de 13 homens que foram os protagonistas de uma noite muito importante para a humanidade. Um deles sabia que iria passar por momentos muito difíceis e pediu aos outros 12 para que ficassem alertas porque aquela noite seria muito difícil para ele. Entretanto, todos estavam exaustos por causa dos acontecimentos dos dias anteriores.

E por estarem assim, cansados, acabaram por cair no sono. Estou falando de Jesus Cristo e seus 12 apóstolos. Eram pessoas muito especiais e, mesmo assim, desmaiaram de cansaço e não conseguiram ficar acordados ao lado de Jesus durante uma de suas mais difíceis provas.

Como todos os ideais, estar alerta é algo que perseguimos por toda uma vida, aumentando a nossa vivência no tema, sem obrigatoriamente alcançá-lo por completo. Portanto, precisamos do treino e de frequência na ação para sermos excelentes nessa habilidade.

Muitas vezes os sinais passarão, e nós perceberemos apenas depois de acontecido. Mas, se estivermos alertas a eles e procurarmos fazer disso um treino constante, conseguiremos cada vez mais nos desenvolver, aprender e construir tanto para nós mesmos como para os outros.

Os resultados e conquistas são a melhor prova do nosso sucesso ou insucesso em lidar com as informações que a vida nos oferece.

Durante a Segunda Guerra Mundial, o meu avô paterno soube que uma menina havia perdido os pais e percebeu que ela não sobreviveria sozinha. Os pais dela eram judeus na Polônia, ocupada pelos nazistas, e haviam sido assassinados. Então ele a rebatizou com um sobrenome cristão e a adotou durante toda a guerra. Após o armistício, ela escolheu ir para Israel ajudar na construção daquele país.

Graças a uma pessoa que estava alerta aos sinais da vida, hoje existem gerações dessa família vivendo em Telaviv.

Como disse Steve Jobs, a nossa alma já sabe o que queremos. Porém, muitas vezes o que os outros falam ou o que a sociedade nos ensina imprime medos em nós. E quanto mais profunda é a marca deixada pelo medo, mais paralisados ficamos e deixamos de ouvir a nossa voz interior. O meu avô poderia ter pensado: "Se os nazistas me pegarem, serei fuzilado!", e não fazer nada. Mas ele resolveu agir de acordo com os seus valores. Em alguns momentos nos esquecemos da capacidade de sonhar que tínhamos quando éramos bebês e fossilizamos a nossa capacidade de ter iniciativa e seguir os nossos valores mais profundos.

O que podemos fazer, portanto, para transformar esse círculo vicioso em círculo virtuoso e potencializar o caminho de aprendizado?

Como o racionalismo às vezes domina as nossas atitudes, não nos permitindo enxergar outras opções, eu ensino abaixo uma das formas que você pode utilizar para acessar rapidamente, sempre que quiser, uma porção sua mais profunda e mais sábia do seu ser.

1.1 Pense neste instante em qual lugar, situação e momento você se sente totalmente seguro. Esse será o seu refúgio de segurança. Sempre que se sentir fora de si, incomodado, com aflição ou fora do eixo, faça o seguinte: feche os olhos, respire profundamente três vezes (lembre-se que a respiração é essencial para provocar equilíbrio físico e mental) e enxergue-se em seu refúgio de segurança.

1.2 Como segundo passo, ainda de olhos fechados, entre dentro da cena na posição na qual se enxergava. Uma vez dentro da cena, olhe para as suas mãos: será uma forma de ter certeza de que você a está vivendo.

1.3 Então pergunte para si mesmo: o que devo fazer a respeito desta questão na qual estou pensando? Normalmente, virá mais de uma resposta, mas a primeira que chegar é a certa. As outras já serão produto da sua racionalidade, acompanhadas das justificativas para não ir em direção à primeira ação.

1.4 Algumas pessoas têm dificuldade com a visualização. Não se preocupe, é comum. Insista porque é uma questão de treino. Não permita que essa dificuldade se torne uma justificativa para não agir. Treine.

2. Os sinais que a vida traz a você estão em conformidade com a sua alma, não com a alma das outras pessoas. Confie em sua intuição. Seja gentil e acolha a opinião dos outros, mas vá para a direção que você escolheu porque a única pessoa que vai te acompanhar em todos os momentos na vida é você mesmo. Quem lhe disse para

fazer diferente não estará do seu lado assumindo as consequências das escolhas.

3. Aja! Não espere um suposto melhor momento para entrar em ação. Se a vida lhe deu um sinal, pode ser que na semana que vem ele já não seja mais válido.

4. Avalie os resultados. Se não forem como o esperado, reflita: "O que eu posso aprender com isso para fazer melhor da próxima vez?".

Estar alerta significa perceber o que muitas pessoas não percebem. Preocupe-se com os sinais que são importantes para você. Há pessoas que passam pela vida da gente e que são muito importantes, com as quais aprendemos em vários aspectos. Da mesma forma, somos importantes e impactantes para várias pessoas também. Isso não significa que os sinais são os mesmos para todos.

Ao pensar em sua vida profissional, vale o mesmo: há empresas que são agentes de transformação das pessoas, mudando, provocando e motivando-as a serem mais produtivas como profissionais e como pessoas.

Quais os sinais que a sua empresa ou o seu trabalho está piscando para você hoje?

O seu trabalho está te tornando uma pessoa mais engajada em suas conquistas e mais comprometida com a sua realização?

Acontece também que em algumas situações, estamos tão preocupados em conseguir uma solução para um problema que não enxergamos os sinais. Quando isso acontece, é sábio afastar-se um pouco e reler a situação com mais atenção para estudar o que ela nos mostra.

Certa vez um motorista levava a família para uma excursão de carro ao pantanal, na região central do Brasil. Quando estava chegando em seu destino, passando por uma estrada de terra, após uma curva fechada, quase atropelou um homem deitado no chão. Parou imediatamente e percebeu que o homem estava com o ouvido colado no asfalto.

Era um homem com roupas simples. O motorista chegou lentamente ao seu lado para entender o que ele estava ouvindo.

Ao se aproximar mais um pouco, ouviu o homem dizer:

– Carro vermelho, ano 2014, placa DRF 3104.

O motorista ficou quase atônito e rapidamente disse:

– Puxa vida, só pelo tremor na terra você sabe de tudo isso? Bem que a minha avó sempre dizia que o homem do campo tem uma sabedoria que a gente nunca vai entender.

O homem, com um olhar quase de desprezo, virou o rosto o quanto pode e disse ao cidadão:–

Nunca soube de alguém que conseguisse fazer isso. Você não tá vendo que eu fui atropelado?

A ansiedade pode ser um inimigo quando queremos enxergar e entender os sinais que a vida nos oferece. Também ela sequestra o nosso intelecto. As pessoas que são mais ansiosas têm mais probabilidade de falhar, mesmo com capacidade intelectual altamente desenvolvida.

Para que você consiga ler os sinais que a vida está oferecendo hoje, é preciso que procure estar em fluxo com ela o máximo possível.

A história nos mostra que o homem soube evoluir e aprender com os desafios nas mais diversas situações. Às vezes aprendeu mais rápido e com mais eficiência e levou séculos para desenvolver determinadas ideias ou equipamentos.

A quais sinais terá o homem prestado atenção quando produziu pela primeira vez o vidro na Era do Bronze?

A roda surgiu há mais de 7 mil anos e mudou totalmente a vida dos humanos.

Quem terá pensado em primeiro lugar nos sistemas de esgoto que, além de livrar o homem dos maus cheiros, diminuiu enormemente a sua vulnerabilidade às doenças?

No século XVIII, foi desenvolvida a bateria que armazena energia e nos permite realizar quase tudo o que as máquinas realizam hoje. Quem percebeu a primeira dica? No século XIX, foi a vez do plástico.

A televisão, os satélites e a internet vieram no século XX. Você conseguiria viver sem eles hoje em dia?

Veja que praticamente tudo o que está ao seu redor foi um problema, desafio ou necessidade. Qualquer objeto é produto da observação que um ser humano fez um dia procurando resolver um enigma.

Quais os problemas atuais que você vive? Quais os sinais que a vida está mostrando para resolvê-los?

Quais os desafios que você enfrenta hoje? Quais os sinais que a vida está mostrando para vencê-los?

Quais as necessidades que você enfrenta hoje? Quais os sinais que a vida está mostrando hoje para supri-las?

Os japoneses têm uma ligação muito especial com o mar e com tudo o que vem dele. Por isso, qualquer questão ligada ao universo marinho é uma questão muito importante, uma questão nacional.

Abaixo, reproduzo uma história mencionada no livro *Mentes brilhantes* (2012), de Alberto Dell'Isola. Esta história mostra como aquele povo dedicado e persistente soube com sabedoria estar alerta aos sinais oferecidos durante o processo e aprender, melhorando a cada passo seguinte:

> Os japoneses sempre adoraram peixe fresco. Porém, as águas perto do Japão não produzem muitos peixes há décadas. Assim, para alimentar a sua população, os japoneses aumentaram o tamanho de seus navios pesqueiros e começaram a pescar mais longe do que nunca. Quanto mais longe os pescadores iam, mais tempo levava para o peixe chegar. Se a viagem de volta levasse mais do que alguns dias, o peixe já não era mais fresco. E os consumidores japoneses, que eram o público-alvo, não gostaram do sabor do peixe.
>
> Para resolver o problema, as empresas de pesca instalaram congeladores em seus barcos. Eles pescavam e congelavam os peixes em alto mar. Os congeladores permitiram que os pesqueiros fossem mais longe e ficassem em alto mar por muito mais tempo.

O público-alvo, porém, conseguia notar a diferença entre peixe fresco e peixe congelado e, é claro, não gostou do congelado. Então, as empresas de pesca instalaram tanques nos navios pesqueiros. Eles podiam pescar e colocar esses peixes nos tanques, como "sardinhas". Depois de certo tempo, pela falta de espaço, os peixes paravam de se debater e não se moviam mais. Eles chegavam vivos, porém cansados e abatidos. Infelizmente, os japoneses ainda podiam notar a diferença do gosto. Por não se mexerem por dias, os peixes perdiam o gosto de frescor. Os consumidores japoneses queriam o gosto de peixe fresco e não o gosto de peixe apático.

Como os japoneses resolveram esse problema? Como eles conseguiram levar ao Japão peixes com gosto de puro frescor? Se você estivesse dando consultoria para a empresa de pesca, o que recomendaria? Para conservar o gosto de peixe fresco, as empresas de pesca japonesas ainda colocam os peixes dentro de tanques, nos seus barcos. Mas, eles também adicionam um tubarão de pequeno porte em cada tanque. O tubarão come alguns peixes, mas a maioria deles chega "muito viva", e fresca no desembarque. Tudo porque os peixes são desafiados, lá nos tanques.

Surpresas boas e ruins podem aparecer de onde nós menos esperamos. Quanto mais afinados estivermos para ouvir estes sinais, mais rápido reagiremos.

Quanto mais tranquilo, atento e imerso estou ao ensaiar com uma orquestra, mais profunda e rapidamente reajo a algum som ou melodia que pode ser melhorada. O mesmo pode ser dito para situações de emergência. Mais de uma vez aconteceu de eu dar a entrada para um músico em pleno concerto e ele não começar a tocar quando devia. É a hora de reagir em tempo real, com serenidade e inspirando o grupo a se manter coeso no objetivo almejado para que o resultado final não seja comprometido.

Prestar atenção nos sinais que a vida nos traz significa entender que tudo o que praticamos traz riscos e por isso mesmo gera aprendizados. Jorge Paulo Lemann, talvez o maior empresário brasileiro de todos os tempos, aprendeu essa lição nos esportes, primeiro como surfista e depois como jogador de tênis e mergulhador:

> Eram ondas colossais... Nadar por baixo delas era quase impossível... Eu sentia meu sangue correndo para os pés... Peguei a onda e consegui sair dela antes que "encaixotasse"... Meus amigos falaram para irmos de novo, mas para mim estava bom, minha adrenalina estava no máximo... Gostei daquilo, mas não queria sentir de novo... Na vida você tem que tomar risco e a única maneira é praticando... Eu praticava nas ondas, no tênis e, mais tarde, nos negócios... Ao longo da minha vida várias vezes eu me lembrei mais da onda de Copacabana que daquilo que eu aprendi na faculdade.

Como o universo é um todo em constante crescimento e mutação, muitas pessoas desenvolvem o hábito de prestar atenção nos sinais que o planeta nos dá. Acredito ser de grande sabedoria escutar e colocar em prática aquilo que ouvimos de nosso planeta. Estamos sendo constantemente solicitados a não interromper esse ciclo de evolução.

Devemos aprender, ao prestar atenção nestes sinais, que a vida nos oferece inúmeras escolhas. Há sempre mais de uma resposta para qualquer dilema que nos seja colocado.

Se você se sente estagnado, permita-se novas opções. Treine ler os sinais da vida com sabedoria e gratidão.

CAPÍTULO IX

QUEM VOCÊ É ATUALMENTE?

> "Tudo o que nos irrita nas outras pessoas pode nos levar
> a um entendimento de nós mesmos."
> *Carl Jung*

Acabamos de falar da importância de perceber o mundo, de estar com a intuição em dia.
Tão importante quanto enxergar o mundo é saber reconhecer quais são as lentes através das quais enxergamos o mundo ao nosso redor. E para saber disso precisamos investir constantemente em autoconhecimento.

Dependendo de nossas características, daquilo em que cremos e como estamos acostumados a agir, enfocamos os acontecimentos de um jeito ou de outro.

Muitas vezes isso pode ser um grande problema porque, por mais que queiramos ir para uma direção, estamos acostumados a enxergar a situação de outra forma e não avançamos.

Tive contato com uma pessoa que gosta muito de ser o protagonista em todas as situações. Após uma carreira de sucesso como gerente em bancos, ele conseguiu se tornar o administrador de uma entidade cultural, possuidora de um grande imóvel, fato raro para a atividade à qual se dedica por décadas a fio em uma pequena cidade.

Trata-se de uma pessoa que sempre foi muito trabalhadora tanto em sua profissão original quanto na administração desta entidade cultural. Soube de inúmeras pessoas que quiseram colaborar com essa instituição e sempre que alguém propunha algo novo, ou que mostrava que poderia realizar algo a mais, acabava cortado da instituição.

A consequência é que surgiram outras instituições na mesma área nesta cidade, e a cada ano que passa essa, que foi uma grande pioneira no início do século XX e a maior protagonista cultural da cidade por décadas, está se tornando cada vez mais uma instituição irrelevante porque o seu administrador sempre fez questão de ser o único protagonista em todas as situações. Em vez de receber as contribuições das outras pessoas e trabalhar junto com elas, utilizando os seus recursos para o crescimento da instituição, rendeu-se ao medo da perda de espaço.

Alguns fatos da vida fizeram com que ele escolhesse ser essa pessoa. Esses fatos nos trazem opções, e nós escolhemos ser quem somos. Por isso é muito importante nós entendermos quem somos e termos consciência de como agimos e quais as consequências de nossos atos a curto, médio e longo prazo.

É essencial ter a consciência de que cada escolha é irmã de uma não escolha. Ou seja, cada uma equivale à renúncia de um outro caminho. Isso vale tanto para caminhos construtivos quanto para caminhos destrutivos.

Como no exemplo anterior, desenvolver esse entendimento poderá gerar grandes consequências não apenas para você mesmo, mas também para instituições e até mesmo grandes comunidades.

Jim Collins, um dos grandes gurus corporativos da atualidade, escreveu *Vencedoras por opção*, um livro no qual traz o resultado de pesquisas com empresas que tiveram um desempenho muito mais alto do que a média. Empresas essas que são dirigidas por pessoas e, a respeito delas, Collins cita: *A grandeza não é apenas uma busca da área de negócios; é uma busca da natureza humana.*

Entendendo a extrema importância do autoconhecimento, fiz desse o segundo passo do método que venho seguindo ao longo dos anos:

SEGUNDO PASSO:

2 - AFINE O SEU INSTRUMENTO – INVISTA EM AUTOCONHECIMENTO

Já viveu a situação em que uma pessoa que você estimava muito ter te tratado mal por mais de uma vez? Pois é. Isso provavelmente aconteceu porque alguma ação sua, mesmo que inconsciente, irritou essa pessoa.

E você sabe por que isso ocorreu? Porque entre os seus hábitos há alguma área que você não conhece o suficiente. É possível que até hoje você ainda provoque essa pessoa com a atitude não produtiva porque tem algum ganho secundário com isso. Muitas vezes esse ganho é inconsciente.

Por exemplo: uma mulher, embora funcionária competente, sempre que o chefe pede em tom normal de voz para que ela faça algo de forma diferente, responde com tom de voz alterado para o chefe, denotando desaprovação.

É fácil de perceber que essa mulher terá grande dificuldade de subir na hierarquia da empresa, não? E por que ela faz isso? Porque aprendeu que as mulheres devem ficar cuidando da casa e dos filhos e afrontar o chefe é a forma que seu inconsciente tem de afirmar que o seu trabalho é importante.

Veja só o tamanho da confusão. E se você acha que isso é raro, digo como coach e maestro que não é. Em uma das empresas onde eu dirijo um coral de funcionários, havia uma participante que sempre questionava as minhas orientações, mesmo não tendo qualquer formação em música. Futuramente vim a saber de seus colegas que ela era a secretária de um dos diretores da empresa e que tinha a mesma postura com muita gente. Infelizmente ela foi dispensada no primeiro programa de corte de pessoal que a empresa realizou.

Se ela tivesse afinado o seu instrumento, talvez estaria lá até hoje, afinal, não chegou lá por acaso. Habilidades técnicas, ela tinha.

Você já viu o que acontece com uma orquestra quando os músicos entram no palco antes de começar o concerto? A afinação. Vamos supor que apenas um dos músicos, por exemplo, um violinista, não afine o seu instrumento. O que vai acontecer em seguida? Quando o maestro iniciar o concerto, a música não vai ficar boa. O trabalho de todos ficará comprometido por causa de uma só pessoa. Mais do que isso: o trabalho de uma semana inteira de ensaios ficará eclipsado porque um instrumento não foi preparado adequadamente para o uso.

O que eu acabo de explicar faz sentido para você? Mas quando nós falamos que um colaborador em uma empresa não consegue dar feedback, ou que determinado gerente não sabe lidar com as pessoas e eventualmente esse profissional é demitido, sabe o que acontece normalmente? Ao ser demitido, ele põe a culpa na empresa e nas outras pessoas. Dificilmente o colaborador vai pensar "onde foi que eu errei? O que posso fazer agora para desenvolver as habilidades que me faltaram? Como posso me preparar para o próximo desafio da minha vida?".

Para Stephen Covey, que escreveu *Os 7 Hábitos das pessoas altamente eficazes* (2013), o sétimo hábito é justamente afinar o seu instrumento ou «Os Princípios da Autorrenovação Equilibrada».

Um violino tem quatro cordas: mi, lá, ré, sol. Para Covey, a natureza tem quatro dimensões: física, social, mental e espiritual. Supondo-se que cada corda represente uma dessas áreas, significa que qualquer uma delas pode provocar a desafinação. Por isso é tão importante desenvolver o autoconhecimento, porque por mais que você se conheça muito bem em uma das áreas, nunca vai se conhecer tão bem em todas ao mesmo tempo. Essa autorrenovação é essencial em fases de transição.

É como eu explicava sobre o início de um concerto. Se aquele mesmo músico que não afinou o instrumento fizer a afinação correta de 3 das 4 cordas, mas não afinar a quarta, o concerto ainda assim ficará em risco por causa de uma única corda não afinada.

É por esse motivo que questiono quando alguém fala que faz autocoaching. Eu já dei vários treinamentos de formação em coaching, e esta é uma pergunta recorrente. Existe sim autoaprendizado, autoavaliação, autodidatismo, e várias maneiras de aprender sozinho. Mas na minha vivência com inúmeros clientes atendidos, entendo que a pessoa que está na sua frente precisa ter a mente livre para ir a lugares onde, sozinha, não iria. Isso é coaching. Fazer essa viagem sozinho pode até ajudar, mas nunca terá a mesma eficácia e abrangência.

Há várias ferramentas de coaching que nos ajudam nessa viagem. Eu mesmo desenvolvi algumas delas. Mas o que importa é que, durante o processo de autoconhecimento através do coaching, nós – os coaches – emprestamos a nossa mente para o coachee, ou seja, aumentamos o hardware dele e potencializamos enormemente as suas possibilidades.

O método que você vai escolher para aprender mais a respeito de si não importa, porém, antes de entrar no palco da vida e da empresa, afine o seu instrumento! E se você já está atuando, é mais importante ainda para corrigir os eventuais desvios de rota.

Só que muitas vezes as pessoas não sabem nem por onde começar a afinação. Entretanto, isso não é problema algum. O que é necessário é a inteligência e a humildade para se perceber que há a necessidade de desenvolver uma habilidade técnica ou emocional.

Se a pessoa não sabe qual a melhor forma para desenvolver a habilidade, basta perguntar para alguém que já precisou fazer esse caminho antes. E se não conhecer ninguém, é só pesquisar nas várias fontes de informação que existem: jornais, revistas, livros, ebooks, sites etc. Veja como é simples:

1. Procure se informar a respeito de vários métodos de autoconhecimento.

2. Converse com conhecidos e amigos ouvindo opiniões. Se tiver algum receio de falar a respeito, pesquise em meios físicos ou virtuais, lendo pelo menos três opiniões diferentes a respeito de cada método.

3. Faça uma aula ou sessão experimental do tipo de processo que você escolheu.

4. Se não se sentir confortável, experimente outro. Mas – **CUIDADO** – não vale fazer uma única sessão de vários processos, dizer que não gostou de nada e dizer que nenhum deles serviu para você. Cuidado com as justificativas! Cuidado com a autossabotagem! Vá em frente no processo que escolher. Qualquer um deles vai exigir em algum nível que você saia da sua zona de conforto. Apenas depois de algumas sessões ou aulas, se você sentir que prefere outro método, mude.

Já sugeri anteriormente algumas opções. Entre elas há eneagrama, terapia, coaching, grafologia, acupuntura etc. Cada pessoa tem o seu caminho. O essencial é buscarmos constantemente caminhos de superação. Eu passei por todos os processos acima e mais alguns. O universo nunca para de evoluir, então porque nós devemos?

A seguir, vão algumas informações básicas de alguns desses processos para você:

Coaching: processo com um profissional habilitado que faz perguntas e te ajuda a entender melhor os seus valores, missão, questionamentos, metas, objetivos e sonhos. Há um acordo entre coach e coachee (a pessoa que passa pelo processo) ao final de cada sessão para que o coachee estabeleça ações até o próximo encontro. Há também um acordo prévio para o número total de sessões que, em geral, varia de 6 a 12, dependendo do caso. O foco está nas ações e realizações futuras.

Terapia: processo no qual um profissional habilitado faz perguntas, sugestões e procura entender quais as inquietações do paciente para ajudá-lo em suas buscas e objetivos. É necessário certo nível de intimidade entre terapeuta e paciente, o que faz com que os profissionais peçam que haja uma frequência de pelo menos uma sessão por semana. Não há um prazo específico para o final do processo.

Eneagrama: curso no qual um profissional habilitado ajuda o participante a entender como os seres humanos se dividem em 9 tipos. Ao identificar o tipo ao qual você mais se assemelha, é possível identificar quais as características positivas que você explora bem e quais são aquelas que não explora. Da mesma forma, ajuda a entender quais as características negativas que você já modulou e não estão mais te atrapalhando e quais você ainda não modulou e precisa trabalhar.

Grafologia e iridologia: análise da sua letra escrita ou da sua íris. Através dessa análise, um profissional bem treinado poderá trazer muitas informações a seu respeito e também te ajudar a enfocar os seus pontos fortes e trabalhar os seus pontos ainda pouco desenvolvidos. Têm bastante ação na saúde física inclusive.

Astrologia: método de análise de seu mapa astral, utilizado desde a Antiguidade. Assessorado por um profissional habilitado, você ouvirá a análise de um mapa astral extraído de dados muito específicos como o local, horário e data de seu nascimento. Esse profissional irá lhe trazer informações a respeito de suas características principais e, da mesma forma, você decidirá quais ações tomar.

Bioenergética: método de estimulação energética através da respiração e de movimentos físicos. Um profissional habilitado analisará as reações desse processo em você. É muito útil tanto para aumentar o autoconhecimento a respeito do seu físico quanto de questões psicológicas.

Acupuntura: método de equilíbrio energético através da aplicação de agulhas finíssimas no corpo. Um bom profissional saberá analisar os pontos de bloqueio energético e as suas relações com a sua vida pessoal e profissional.

Etc.

ATENÇÃO: para qualquer um dos métodos acima há profissionais mais bem qualificados e menos qualificados. Há inclusive gente que se diz profissional, mas na verdade é apenas um curioso. Peça referências e troque ideias com alguém que já conhece o profissional escolhido. Faça uma entrevista prévia com ele e veja se há "química" entre vocês dois, se há *matching*. Caso contrário, agradeça e procure outro profissional.

Lembre-se de que este investimento que você está fazendo não é apenas de dinheiro, mas de tempo, de energia e especialmente de sua esperança em ter melhores resultados, portanto deve ser extremamente bem cuidado.

Algumas pessoas se autossabotam escolhendo mal uma assessoria sem perceber que o estão fazendo para não ter que mexer em algo mais profundo e poder continuar na zona de conforto.

Procure profissionais competentes e com referências! Amplie o seu universo.

Quando a minha noiva era adolescente, ela fez amizade com uma garota de uma pequena cidade do interior de São Paulo. Ao saber que a minha companheira era da capital paulista – uma cidade com aproximadamente 10 milhões de pessoas (a região metropolitana de São Paulo tem aproximadamente 21 milhões de habitantes!) –, ela perguntou:

– Você conhece a Amanda?

É surpreendente uma moça de 16 anos, mesmo vivendo em uma cidade do interior, não saber que São Paulo é uma das maiores cidades do mundo com milhares de Amandas. E isso não foi no século XIX. Foi no século XXI! O universo dessa moça era muito pequeno.

Para nos mantermos atuantes no ambiente profissional, não basta estar atento para o mundo ao redor. É imprescindível manter o nosso universo de informações e as nossas habilidades em crescimento constante.

No mundo profissional, se eu parar de crescer, o meu concorrente, que está evoluindo, ocupa o meu espaço no mercado. Isso serve tanto para o mercado de trabalho, pensando em uma carreira, quanto para o espaço de uma empresa inteira.

Pare por um minuto a sua leitura, pense nas conquistas que quer obter na vida pessoal e na vida profissional e pergunte a si mesmo antes de prosseguir: quem você quer ser na próxima década?

Quais as habilidades que você deve desenvolver para chegar lá?

Adiante, vou passar um exercício para você, que é um excerto de uma ferramenta de coaching que eu desenvolvi e nomeei como "Análise de Foco". Essa ferramenta, que é uma espécie de *assessment* pessoal e profissional, vai o ajudar a entender se você está colocando a sua atenção nas áreas certas em sua vida hoje.

Quero pedir a você que faça esse exercício – que vai levar cerca de 30 minutos – e apenas depois prossiga a leitura, ok?

1. Escreva na frente de cada item um número de 0 a 10, respondendo à seguinte pergunta: quanto esta área é importante na minha vida hoje?

Amigos
Cultura
Desenvolvimento Intelectual
Desenvolvimento Profissional

Espiritualidade
Família
Felicidade
Finanças
Lazer
Legado
Nação / Pátria
Qualidade de Vida
Rede de Relacionamentos
Relacionamento Amoroso
Saúde Física
Saúde Mental
Trabalho Voluntário
Vida Social

2. Agora que você já deu uma nota para cada área, faça o seguinte: veja quais são as quatro notas mais altas e reescreva o nome delas abaixo. Se houver empate, pergunte a si mesmo, entre as áreas com notas iguais, qual a mais relevante na sua vida hoje.

Área Escolhida 1:
_____
_____

Área Escolhida 2:
_____
_____

Área Escolhida 3:
_____
_____

Área Escolhida 4:

_____

_____

3. Agora você vai utilizar uma técnica poderosíssima que eu adoto, tanto em sessões individuais de coaching, quanto em treinamentos de grupos. Após ler o exemplo que vem a seguir, reescreva o nome de cada área escolhida nas linhas indicadas abaixo.

4. Após reescrever o nome de cada área escolhida, você irá pensar e escrever cinco ações que poderá fazer para melhorar essa área na sua vida.

Atenção: não é para escrever algo que você já faz. Serão cinco novas ações para melhorar a sua vida na área escolhida. Pode acontecer de dar um branco em você em algum momento. Isso é muito importante: espere e pense até encontrar uma nova ação. Muitas vezes é essa ação que vem do momento de pausa que vai te trazer uma nova luz. Não passe para a segunda área escolhida enquanto não tiver completado a lista de cinco ações da primeira, ok?

Para você ter certeza de como fazer o exercício, aqui vão quatro exemplos:

EXEMPLO 1

Área Escolhida: Qualidade de vida – ações que eu ainda não realizo:

Ação 1 – Levar o meu cachorro para passear todas as manhãs no parque.

Ação 2 – Falar "eu te amo" para o meu filho sempre que me despedir dele.

Ação 3 – Escolher e planejar a ordem em que vou responder aos e-mails diários.

Ação 4 – Sair uma vez por semana com a minha mulher.

Ação 5 – Ir ao cinema uma vez por mês.

EXEMPLO 2

Área Escolhida: Felicidade – ações que eu ainda não realizo:

Ação 1 – Ler para os meus filhos antes de dormirem pelo menos três vezes por semana.

Ação 2 – Desenvolver habilidades para ter o meu trabalho reconhecido publicamente pelo meu chefe.

Ação 3 – Realizar um trabalho voluntário onde eu me sinta aprendendo.

Ação 4 – Desenvolver a espiritualidade.

Ação 5 – Jogar boliche uma vez por mês.

EXEMPLO 3

Área Escolhida: Finanças – ações que eu ainda não realizo:

Ação 1 – Fazer um investimento mensal de R$ 100. Nos meses que for possível, investir mais.

Ação 2 – Fazer um curso on-line para aprender a investir em ações.

Ação 3 – Fortalecer as minhas crenças em relação à construção de um patrimônio.

Ação 4 – Fazer uma entrevista por semestre para saber como está o valor da minha função no mercado.

Ação 5 – Melhorar o controle de despesas: refazer todo início de ano por escrito a minha lista de gastos mensais.

EXEMPLO 4

Área Escolhida: Desenvolvimento Intelectual – ações que eu ainda não realizo:
Ação 1 – Ler um novo livro por mês.
Ação 2 – Pesquisar qual curso de aperfeiçoamento devo fazer.
Ação 3 – Dar aulas uma vez por semana.
Ação 4 – Procurar mentores para auxiliar no meu desenvolvimento.
Ação 5 – Melhorar o meu autoconhecimento.

Repita o processo para todas as áreas que você escolheu:

Área Escolhida 1:
_____
_____

Ação 1: _____

Ação 2: _____

Ação 3: _____

Ação 4: _____

Ação 5: _____

Área Escolhida 2:
_____
_____

Ação 1: _____
_____

Ação 2: _____
_____

Ação 3: _____
_____

Ação 4: _____
_____

Ação 5: _____
_____

Área Escolhida 3:
_____
_____

Ação 1: _____
_____

Ação 2: _____
_____

Ação 3: _____
_____

Ação 4: _____
_____

Ação 5: _____
_____

Área Escolhida 4:
_____
_____

Ação 1: _____
_____

Ação 2: _____
_____

Ação 3: _____
_____

Ação 4: _____
_____

Ação 5: _____
_____

Agora, analise as 20 ações, uma a uma, e responda à pergunta abaixo para cada uma delas:

Quais são as habilidades que você ainda não tem desenvolvidas ou que precisa aprimorar para poder realizar essas ações com eficiência?

_____
_____
_____
_____

_____

_____

_____

_____

_____

_____

Mesmo sem ter passado por um processo inteiro de coaching, você já sabe agora por onde começar a se desenvolver.

Há pessoas que sentem grande dificuldade neste momento porque até então se permitiam não agir. Antes elas faziam uma autossabotagem porque justificavam para si que não sabiam o que fazer dizendo coisas como "não sei por onde começar" ou "é tanta coisa que nem dá para começar" ou ainda "até sei o que fazer, mas não vai adiantar porque é muita coisa".

Se você fez o exercício acima com seriedade, surgiram algumas ações anotadas. Então agora você vai ficar parado apenas se escolher manter-se na zona de conforto. Você não precisa realizar todas as ações ao mesmo tempo. Mas elas já te dão opções de caminhos.

Nós já sabemos que, mesmo que os seus objetivos sejam gigantes, é possível segmentar e começar a agir para, ao longo de algumas fases, chegar ao objetivo final.

Se você tende a se sentir deprimido eventualmente ou com frequência, preste atenção, porque essas justificativas poderão assolar a sua mente e você tenderá a ficar parado, o que o levará a um círculo vicioso.

As pessoas tendem a se esforçar para se livrar da tristeza e da depressão. Muitas tristezas ou fases de melancolia talvez nem devam ser evitadas. A tristeza pode vir de uma fase de luto, por exemplo. Neste caso ela é parte integrante da vida. Não viver o luto pode ser mais danoso do que vivê-lo. Ele costuma gerar um retiro reflexivo das suas atividades na vida. Chorar pela perda e meditar o seu significado nos permite fazer ajustes psicológicos muito importantes.

Os novos planos são o que nos impulsiona fortemente a continuar vivendo. Ou seja, o luto tem utilidade, mas a depressão não.

Pessoas que se sentem deprimidas tendem a se isolar, o que as deixa mais deprimidas ainda. Uma excelente tática para quem se sente mais vulnerável à depressão é ter uma vida social ativa.

Outra forma é fazer um autoquestionamento: questionar o pensamento central da ruminação e pensar em alternativas positivas. As ideias depressivas são automáticas, então é preciso fazer um esforço especial para programar intencionalmente acontecimentos agradáveis.

Para quem não tem tendência a ficar deprimido, para quem fica levemente deprimido ou fortemente deprimido, o que o leva ao próximo estágio, à realização, é a mesma coisa: ação!

Ao tomarmos contato com a informação de quais são as ações que nos levarão mais próximo de nossos objetivos, precisamos agir: é nosso dever para com nós mesmos!

CAPÍTULO X

DESCONFORTO ÚTIL

"Ousar é perder o equilíbrio momentaneamente. Não ousar é perder-se."
Soren Kierkegaard

Há poucos anos estive em um parque aquático que tem um escorregador altíssimo. Fui convidado para ir ao grau mais alto. Embora não estivesse muito animado com a empreitada, acabei aceitando o convite para a aventura *semissuicida*!

Há menos tempo ainda, o meu sobrinho estava andando de skate e me convidou para experimentar. Nunca havia feito isso em minha vida.

Tinha certo preconceito quanto ao skate. Aceitei o convite e fiz algumas pequenas manobras! Consegui até mesmo me divertir com a experiência.

Aprendi, especialmente no escotismo, que a grande diversão da competição é o jogo e não ganhar ou perder. Então não era o sentido de competir que me moveu ao escorregador mais alto do parque ou a andar de skate pela primeira vez depois dos 45 anos de idade. Por outro lado, até hoje nunca fui diagnosticado como pessoa com tendências suicidas. Já na época destes eventos era para mim muito clara a razão pela qual aceitei esses convites: tratava-se do treino interior para me manter aberto a novas experiências.

Eu, particularmente, sempre fui relativamente aberto a novas experiências, mas desde que aprendi mais a respeito do funcionamento do cérebro e dos ganhos neurais com as novas experiências, passei a adotar essa postura como uma das minhas estratégias de vida.

Quando fiz questão de mencionar que não tenho tendências suicidas, é porque a minha postura não vai na linha da experiência fortuita ou de apenas gerar mais adrenalina. O meu objetivo é o aprendizado.

Jim Collins explica que, entre as características dos líderes das empresas que cresceram mais do que suas concorrentes, não está a inovação como foco principal ou linha mestra de ação. Está a ação de criatividade empírica. Ou seja, é importante saber escolher as experiências que vão gerar conhecimento para mim ou para a minha empresa e o que devo fazer para absorver e aproveitar o máximo desta experiência.

Mas, para se chegar a esse nível de liberdade de aceitação de novas experiências e estar livre para escolher as mais relevantes, para algumas pessoas, é necessário primeiro começar a treinar andar de skate com o sobrinho! Ou seja, precisamos treinar estarmos abertos a novas experiências.

A grande maioria das descobertas a respeito do cérebro humano foi feita nas últimas décadas. E uma delas é que o cérebro de uma pessoa rejuvenesce quando aprende coisas novas. E mais: isso vale para toda a nossa existência, mesmo que tenhamos mais de 100 anos de idade!

O livro *A dieta da mente* (2014), de David Perlmutter, tem surpreendido muita gente ao indicar mudanças muito importantes na dieta diária para uma vida cerebral saudável. A novidade está especialmente no que tange ao mal de Alzheimer não ser principalmente consequência de herança genética, e sim do tipo de hábitos alimentares somados a outros fatores, ou melhor, da má influência do glúten para a saúde de nosso cérebro.

Novas células cerebrais geram novas redes cerebrais. E novas redes cerebrais melhoram as nossas capacidades desenvolvidas e facilitam o desenvolvimento de novas habilidades. Se for possível ter atitudes que nos ajudem a manter uma produção de novos neurônios para o nosso cérebro, certamente isso facilitará muito o aprendizado e treino de novas habilidades.

Perlmutter explica que, para uma dieta favorecer mais ainda o cérebro, é importante que esteja aliada a uma rotina de exercícios aeróbicos, o que aumenta consideravelmente a produção de neurônios no cérebro:

> Os exercícios mostraram não apenas induzir o crescimento de novos neurônios no cérebro, mas os cientistas revelaram o verdadeiro milagre que ocorre: a construção de novas redes. Uma coisa é fazer surgir novas células cerebrais; outra é organizar essas células numa rede que funciona harmonicamente. Nós não nos tornamos "mais espertos" apenas pela produção de novas células cerebrais. Precisamos ser capazes de interconectar essas células na rede neural existente. Do contrário elas vagarão sem rumo e acabarão morrendo. Uma maneira de fazer isso é aprender coisas novas.

Perdemos quando não experimentamos coisas novas. É o que me levou a adotar o terceiro passo do método:

TERCEIRO PASSO:

3 - FAÇA AS COISAS DE MANEIRA DIFERENTE

Cada um de nós é como um poço. Ele pode encher-se mais ou menos de água. Ele também pode secar. Se não cuidarmos dele, vai se encher de areia e de detritos com o passar do tempo. Para que isso não aconteça, depende de nossas atitudes para que ele seja uma constante fonte de água pura para o nosso eu interior.

A missão de cada pessoa é consequência dos valores que a norteia. E esse centro de forças nos leva a determinados tipos de comportamentos. Ao longo do tempo, eles viram hábitos.

Quais os riscos de mantermos os mesmos hábitos sempre, sem nunca experimentar algo novo?

Tinha um mineirinho que, recém-casado, falou para a esposa:

– Ói, meu amor, eu sei que ocê gosta de cozinhá diferente, mas eu tô custumado com arroiz, feijão e quirera. Num gosto de coisa diferente na mistura, viu?

E a esposa, com muito carinho, dizia, dando um beijo no marido:

– Mais ôce foi muito é mimado pela sua mãe!

E ela preparava com carinho sempre do jeito que ele pedia.

Muitos anos depois, certo dia, o homem chegou da roça, morrendo de fome, já sentou à mesa e começou a comer, mesmo antes de saber onde a mulher estava.

– Ô, muié, onde cê tá, minha frô?

– Já chêgo, querido. Tô levando umas fôia pra acompanhá a mistura.

E chegando na sala, viu o marido com uma cara diferente. Espantada, foi logo costurando a pergunta:

– Mas que cara é essa, hómi?

– Minha linda, a mistura hoje tá é uma delícia!

– Mas querido, ocê tá comendo é a minha mistura! Ocê nem mi deu tempo d'eu trazê seu prato, sô!

– I tá danada di bôa, sô!
– É que a minha mistura num é cum quirera não... é cum tapioca!

Existe a possibilidade de correr riscos quando fazemos algo novo, dependendo da atividade. No entanto, muito mais arriscado do que experimentar o novo, é não fazer nada. Porque se não tentamos nunca algo novo, nos arriscamos a nos tornar obsoletos. E essa obsolescência vale para tudo na vida, desde a vida emocional e sexual, passando pela espiritual, incluindo as habilidades profissionais e interpessoais.

Veja por quanto tempo na vida o mineirinho deixou de conhecer novos sabores e de aproveitar mais do que a vida tem para oferecer. E se ele fazia isso com o paladar, também devia fazer o mesmo com os outros sentidos. Ele deixou o seu poço vazio por anos a fio.

Campbell (1990) ensina que quem acha que já encontrou a verdade definitiva na vida, está enganado: *Existe um verso muito citado, em sânscrito, que também aparece no* Tao Te King *chinês: "Aquele que pensa que sabe, não sabe. Aquele que sabe que sabe, sabe. Pois, neste caso, saber é não saber. E não saber é saber."*

Entendo este verso por meio de uma palavra: desprendimento. Desprender-se significa não se levar tão a sério. Significa se permitir experiências que poderão tornar a vida algo mais rico, mais encantador.

Muitas vezes, ao não nos permitirmos novas experiências, deixamos de ter aprendizados que podem alavancar os nossos resultados pessoais e profissionais. Outras vezes, o aprendizado pode ser simplesmente conhecer ações que tragam mais prazer e felicidade ao cotidiano.

O grande cuidado que precisamos ter é com o perigoso Complexo de Gabriela!

Muito cuidado agora. Olhe para os lados e tenha certeza de que, se você se assustar e cair, vai cair sentado em algum lugar confortável:

Quantas vezes na vida você disse "eu sou assim!", para alguém, quando contrariado em alguma atitude? Se você disse pelo menos uma vez na vida, e se, pior, continua dizendo, **ATENÇÃO**: você pode estar sofrendo de Complexo de Gabriela!!!

Conhece a canção "Gabriela"? A canção, tema do famoso filme de Bruno Barreto, baseado na obra de Jorge Amado, diz "eu nasci assim, eu cresci assim, e sou mesmo assim, vou ser sempre assim, Gabriela...!" A canção pode ser divertida, mas é a pior forma de pensamento do mundo para qualquer ser vivo. Se você fala assim, é porque pelo menos uma parte de você acredita nisso. E se acredita, significa que essa sua parte parou de crescer e de aprender, você está aterrando o seu poço!

O que você precisa fazer IMEDIATAMENTE é extirpar essa frase do seu repertório. E começar a beber da fonte de Sócrates, que dizia "só sei que nada sei". Então o seu poço vai voltar a encher com água límpida. E o seu processo de evolução não vai parar nunca mais. Aliás, Steve Jobs dizia que trocaria tudo o que tinha para passar uma tarde ao lado de Sócrates!

E tem também o perigo do contágio: é quando você não costuma falar essa frase, mas convive com alguém que, com essas palavras ou com outras, repete sempre esse conceito. Mais uma vez é um grande perigo. Porque isso se transforma em um mantra negativo. E essa pessoa, por mais que o ame – se for o caso –, vai te atingir em cheio com esse tsunami de marasmo, provocando a sua derrocada. Lembra-se do exercício de diminuir a frequência de convívio com quem tem valores diferentes daqueles que você quer reforçar? Fique atento!

O que fazer, então? Respeite o amor dessa pessoa e a sua vontade sincera em ajudar, mas talvez ela esteja em outro momento evolutivo. Você pode e talvez até deva explicar o seu ponto de vista, mas faça isso apenas uma vez. Se ela não quiser aceitar a sua opção por um caminho diferente do dela, não siga o caminho como um paladino defendendo a sua opinião. A última vez que vi uma pessoa levar a sério essa história ela passou a vida inteira lutando contra moinhos de vento...

Muitas vezes o outro não está ainda no momento de receber o que você tem para oferecer.

Madre Teresa de Calcutá dizia: "Se você vive julgando as pessoas, não tem tempo para amá-las." Não perca tempo na vida. Invista esse tempo em você mesmo! Certa vez Madre Teresa foi convidada a participar de um protesto contra a violência e se negou a cerrar fileiras, o que causou espanto. Ao ser indagada do porquê de sua atitude, ela respondeu: "O dia que vocês forem fazer uma manifestação a favor da paz, eu irei".

Ou seja, não lute contra as forças que vão em direção contrária às suas. É mais sábio aliar-se às forças que vão para a mesma direção que você!

Apesar de polêmico, adote imediatamente o exercício que reforçará os valores que você precisa desenvolver em sua vida:

Não importa quem é a pessoa que vive valores diferentes dos seus. Diminua o tempo de convívio com ela. Pelo menos por um período de alguns meses até que os novos conceitos possam se sedimentar em você. Isso independe de amor e tem a ver com a sua autopreservação psicológica. Você poderá depois retomar o convívio mais intenso com ela se escolher por fazê-lo, mas você será então uma pessoa mais forte, até mesmo para contribuir mais com essa pessoa, sem julgá-la.

Há momentos em que descobrimos fontes de felicidade e realização. E muitas vezes, as pessoas com as quais mais convivemos não trilham o mesmo caminho. O grande risco que corremos é que, com o passar do tempo, sejamos minados pelas ações dessas pessoas, perdendo as esperanças.

A esperança oferece muito mais do que um simples conforto para as pessoas. Ela é uma força poderosa que proporciona vantagens em todas as fases da vida pessoal, acadêmica e profissional.

De acordo com Goleman (2001):

> A esperança, no sentido técnico, é mais do que uma visão otimista de que tudo vai dar certo. Trata-se da (...) capacidade de "acreditar que se tem a vontade e os meios de atingir as próprias metas, quaisquer que sejam".

> (...) pessoas com altos níveis de esperança têm certos traços comuns, entre eles poder motivar-se, sentir-se com recursos suficientes para encontrar meios de atingir seus objetivos, tendo a certeza, mesmo diante de uma situação difícil, de que tudo vai melhorar, de ser flexível o bastante para encontrar meios diferentes de chegar às metas, ou trocá-las se não forem viáveis, e de ter a noção de como decompor uma tarefa grande em parcelas menores, mais fáceis de serem enfrentadas.
> Da perspectiva da inteligência emocional, ser esperançoso significa que não vamos sucumbir numa ansiedade arrasadora, atitude derrotista ou em depressão diante de desafios ou reveses difíceis. Na verdade, as pessoas esperançosas mostram menos depressão que as outras ao conduzirem suas vidas em busca de suas metas, são em geral menos ansiosas e têm menos distúrbios emocionais.

É atribuída a Peter Drucker, um dos grandes pensadores do meio corporativo, a seguinte afirmação: "Mais arriscado do que mudar, é não fazer nada."

A primeira coisa que nós faremos daqui para frente é um acordo entre você e eu (e Peter Drucker). Se você chegou até aqui, significa que a sua próxima ação inovadora deverá começar em no máximo uma semana, ok?

Note: 90% de tudo o que se sabe a respeito do cérebro humano foi descoberto nos últimos 10 anos. E uma dessas descobertas é que, cada novo hábito que aprendemos cria novos caminhos cerebrais, novos neurônios. Isso significa que podemos rejuvenescer mentalmente até o último momento de nossa vida, mesmo com 110 anos de idade.

Atenção: se você estudou húngaro ou aprendeu a tocar tuba algum dia na vida e resolveu retomar esse hábito, com certeza será ótimo para as suas funções cerebrais. No entanto, para a criação de novos neurônios e rejuvenescimento cerebral será necessário que comece ações inovadoras, como, por exemplo, estudar malaio ou aprender a tocar clarineta. Ou jogar um vídeo game que só o seu neto consegue! (Ou conseguia, até agora...)

Se você se sente confuso ou um pouco perdido quanto ao que fazer ou como fazer, abaixo eu explico uma boa forma de desenvolver novas ações:

1. Faça uma lista com pelo menos 10 ações simples, corriqueiras.
Por exemplo: tomar banho, vestir-se, caminhar, fazer uma refeição, colocar o relógio no pulso, etc.

_____
_____
_____
_____
_____
_____
_____
_____
_____
_____

2. A seguir, pense de que forma você pode repetir aquela ação de forma diversa. Por exemplo: tomar banho de baixo para cima, vestir-se no escuro, caminhar de costas 1 passo a cada 5 que fizer de frente, inverter a posição dos talheres durantes uma refeição, usar o relógio no outro braço, etc. Faça a nova lista com as alterações para as 10 ações corriqueiras que redigiu acima.

_____
_____

_____
_____
_____
_____
_____
_____
_____
_____

3. Programe a sua lista de 10 itens hierarquicamente. A ação 1 deve ser a mais fácil de todas e assim por diante. Você pode fazer isso numerando a lista acima.

4. Você deverá realizar a ação que você colocou em primeiro lugar (a mais fácil) a partir de hoje. Ou, se não for possível porque falta algum objeto ou o próprio local onde você se encontra hoje para realizá-la, em até no máximo uma semana. Repita essa ação algumas vezes durante essa semana.

5. Passada uma semana, aplique a segunda ação da sua lista. Você não precisa manter a primeira ação. A partir do momento que tiver adotado a segunda, esqueça a primeira. Quando você chegar na 10ª semana, se você tiver treinado as ações novas algumas vezes por semana, provavelmente não precisará mais anotar as novas ações. Você terá desenvolvido um importantíssimo novo hábito em sua vida: o aprendizado constante de novas ações.

O doutor Heikki Kaukoranta, da Universidade de Vaasa, na Finlândia, me escreveu alguns relatos com as consequências em sua vida da aplicação dos quatro passos do método. Eis o seu relato a respeito dos resultados do treino do terceiro passo:

> Durante o mês passado, eu mudei algumas rotinas. Ao dirigir para o trabalho, tentei algumas rotas alternativas, pelo menos dia sim, dia não, conhecendo diferentes partes da cidade. Também comecei a fazer compras em outro supermercado. Não sei porque eu nunca havia entrado neste supermercado, mas agora eu estou muito feliz em ter descoberto onde ficam os produtos que quero comprar. Passei a utilizar produtos diferentes daqueles que estava acostumado a comprar no outro supermercado.

Por mais frugal que seja a consequência, muitas vezes deixamos de experimentar coisas que, mesmo não mudando radicalmente a nossa vida, podem vir a trazer mais prazer ou mais alegria para o nosso cotidiano.

Se você sente dificuldade em desenvolver novas ações ou, estando alerta aos sinais da vida, tiver dificuldade em aceitar os convites para as novas ações, mas está decidido a fazer mudanças em sua vida, há um caminho muito bom ensinado por Napoleon Hill.

Lembra-se quando falamos de mente mestra ou *master mind*? É uma ótima forma de obter novos aprendizados e se desenvolver.

Quando eu estudava administração, fundei o Grupo Pesquisa de Teatro na FGV. Embora tenhamos realizado algumas poucas peças, valeu primordialmente como aprendizado para todos os participantes. Na época li vários livros de Constantin Stanislavski, como *A construção da personagem* (1989), e aprendi o conceito de arsenal.

Para entender melhor a utilidade do arsenal, vamos tomar um exemplo célebre da dramaturgia: *Romeu & Julieta* (1979), de William Shakespeare. O arsenal de Romeu precisa ser montado por um ator antes de ele começar a ensaiar a peça. E quanto melhor for esse arsenal, melhor será a caracterização do personagem. Para montá-lo, o ator precisa decidir como era Romeu na infância, quais as brigas nas quais se meteu contra os Capuletos, e tudo o mais que ele possa pensar como até mesmo qual seria o seu prato predileto (possivelmente uma massa).

A construção desse arsenal o ajudará a construir um Romeu muito real e, quando ele contracenar com os outros personagens, sempre saberá o que fazer porque estará totalmente "dentro" do personagem.

Da mesma forma, Napoleon Hill conseguiu trazer os seus mentores para perto de si diariamente. Algumas pessoas poderão dizer que é muito improvável ter acesso a pessoas extraordinárias. No entanto, o exercício de Hill nos permite trazê-los para perto sem atrapalhar a sua agenda, quer seja uma agenda celeste (já estão falecidos), quer estejam entre nós. Mais uma vez, não agir é apenas outra forma de dar justificativas.

Hill escolheu inicialmente esses mentores: Emerson, Paine, Edison, Darwin, Lincoln, Burbank, Napoleão, Ford e Carnegie. À noite ele costumava fazer reuniões imaginárias com os seus mentores, ao qual chamava de "Conselheiros Invisíveis".

O curioso é que o arsenal dele foi ficando tão poderoso que alguns dos membros de seu conselho ganharam vida própria. Lincoln chegava atrasado habitualmente, Burbank e Paine faziam comentários espirituosos, etc.

Aprendendo com ele, eu também formei o meu conselho de notáveis e venho me reunindo com eles periodicamente. Os membros do meu conselho vão de pessoas que viveram 2000 anos atrás até as que convivem comigo hoje. E tenho recebido conselhos valiosíssimos. Outras vezes ouço palavras de encorajamento para que eu siga em direção aos meus sonhos. Mas não há uma reunião de conselho da qual eu saia sem algum aprendizado.

Escolha as pessoas que você respeita e forme o seu conselho. Procure pessoas que tenham valores parecidos aos seus ou valores que você quer fortalecer. Podem ser pessoas que já faleceram ou que estão vivas. Se você treinar essa técnica, assim como um ator treina a construção do arsenal do personagem, verá que a cada dia os seus conselheiros serão mais efetivos e criativos.

Se você ainda não se convenceu da importância de se fazer as coisas de formas diferentes, quero lhe fazer algumas perguntas:

Em sua vida profissional, o seu líder – e todo mundo tem um gestor, mesmo um CEO, que é um conselho administrativo ou um líder internacional – instiga você a aumentar a sua produtividade?

Se você é autônomo, tem se preocupado em aumentar os próprios níveis de produtividade?

O que é necessário para aumentá-la?

Se você continuar fazendo as coisas da mesma maneira, será que vai continuar obtendo os mesmos resultados?

O mundo não para. Não para de se desenvolver, de crescer e de aumentar a produtividade em todos os seus setores. Mesmo setores governamentais, mais dia, menos dia, quando ineficientes ou geridos por administradores desmotivados, acabam por adotar métodos mais eficientes, forçados pelas descobertas do mundo corporativo e pela sociedade.

Assim como os ambientes profissionais estão em constante mudança, se você continuar fazendo as coisas da mesma maneira, mantendo a mesma qualidade de resultados, na verdade estará se tornando um trabalhador menos eficiente, anacrônico e improdutivo.

Dell'Isola traz uma estória muito ilustrativa, de autor anônimo, em seu livro *Mentes brilhantes* (2012):

> Contam que, certa vez, duas moscas caíram num copo de leite. A primeira era forte e valente. Assim, logo ao cair, nadou até a borda do copo. Mas, como a superfície era muito lisa e ela tinha suas asas molhadas, não conseguiu sair. Acreditando que não havia outra saída, a mosca desanimou, parou de nadar e se debater e afundou.
>
> Sua companheira de infortúnio, apesar de não ser tão forte, era tenaz. Continuou a se debater, a se debater e a se debater por tanto tempo que, aos poucos, o leite ao seu redor, com toda aquela agitação, foi se

transformando e formou um pequeno nódulo de manteiga, no qual a mosca tenaz conseguiu com muito esforço subir e dali alçar voo para algum lugar seguro.

Durante anos, ouvi esta primeira parte da história como elogio à persistência, que, sem dúvida, é um hábito que nos leva ao sucesso, no entanto...

Tempos depois, a mosca tenaz, por descuido ou acidente, novamente caiu no copo. Como já havia aprendido em sua experiência anterior, começou a se debater, na esperança de que, no devido tempo, se salvaria. Outra mosca, passando por ali e vendo a aflição da companheira de espécie, pousou na beira do copo e gritou: "Tem um canudo ali, nade até lá e suba por ele!" A mosca tenaz não lhe deu ouvidos, baseando-se na sua experiência anterior de sucesso e, continuou a se debater e a se debater, até que, exausta, afundou no copo cheio de água.

Entenda a mosca que está do lado de fora do copo como você mesmo. Se adotarmos pensar fora da caixa, veremos que é basicamente isso. Pensar fora da caixa não é olhar para todos os lados e procurar encontrar novas possibilidades. Olhar verdadeiramente fora da caixa é sair dela e olhar para os lados. Uma vez fora da caixa, conseguimos enxergar novas possibilidades e novas realidades.

E, para isso, é necessária força de vontade e ação.

Há pessoas que estão fora da situação que vivemos e que nos avisam e nos dão conselhos para novas posturas, comportamentos e ações. Muitas vezes tomamos como base apenas as nossas experiências anteriores para tomar decisões sem perceber que o ambiente ao nosso redor sofre mudanças.

Nesse momento, se continuarmos nos esforçando para alcançar os resultados esperados, poderemos afundar por causa de nossa própria falta de visão, como a mosca!

CAPÍTULO XI

COMO PLANEJAR A FÉ

> "Agir é acreditar."
> *Romain Rolland*

Muitas pessoas têm respeito pela fé, acreditam no poder dela e ainda assim se sentem impotentes para desenvolver o sentido da fé.

O que Romain Rolland, este sagaz novelista, biógrafo, compositor e musicólogo, nos estimula a entender é que acreditar é um ato que necessita de ação. E a ação nos leva a acreditar.

De forma bastante contundente, também a física comprova esse fenômeno e o nome disso é inércia. Se você está parado, a física diz que a probabilidade maior é que, independente do que aconteça ao seu redor, você continue parado. E se está em movimento, o mais provável é que você continue assim.

Há a postura de procurar soluções e ir em direção a elas ou de ficar parado esperando as soluções que nunca chegarão.

Adaptando o conceito de inércia: se você estiver de mau humor, a tendência será continuar de mau humor, e o mesmo vale para o bom humor. Pior: se você se acostumar a ficar de mau humor, a tendência será viver de mau humor. Então por que não se acostumar a viver de bom humor?

O caminho da construção e da realização passa pela ação. E a ação, embora possa ser provocada para evitar a dor, também pode ser empregada para estimular a alegria. Então ficam essas duas opções para a sua escolha: você prefere ser acionado pela dor ou pelo prazer?

No livro *Apresentações brilhantes* (2014), Susan Weinschenk, psicóloga especialista em ciência comportamental, explica a forte ligação entre bom humor e ações consequentes:

> Talvez você não tenha muito controle sobre fatores que afetam o humor de sua plateia, como o palestrante que falou antes de você, o ambiente e a cultura geral da organização. Mas, dentro do possível, pense no que pode ser feito durante sua apresentação para melhorar o ânimo das pessoas, incluindo vídeos, colocar música, adotar expressões faciais alegres, além de mostrar-se bem-humorado. (...)

Você talvez também não tenha controle sobre a maioria dos fatos que acontece na sua vida, no ambiente ao seu redor ou com as pessoas com quem convive. Mas uma coisa é fato: se você adotar uma postura de bom humor, as pessoas não apenas terão mais vontade de estar perto de você, como os resultados concretos de suas propostas de ação e planejamento serão mais efetivos.

Se não temos controle sobre tudo, devemos ter ao menos sobre o que acreditamos e como decidimos viver. Buscar o crescimento de nossa inteligência emocional nos leva a um aumento na capacidade de pensar com flexibilidade e complexidade. Essa capacidade amplia as nossas possibilidades de ação. E tudo o que Romain Rolland nos pede é para que aumentemos o nosso nível de ação para que tenhamos mais fé.

Essa ação está ligada a manter um estado de espírito positivo, o que aumenta a capacidade de pensar com flexibilidade e complexidade. Esse hábito ajuda a fazer de nós pessoas de bom humor e provocadoras de bom humor.

Sempre utilizei esse recurso em aulas particulares, coletivas, master classes e palestras: a associação de ideias, trocadilhos, provérbios, tiradas espirituosas e piadas leva as pessoas a pensar com mais amplidão e encontrar a sua forma de associar as ideias para entender e absorver o que está sendo discutido.

O riso e as outras formas de associar ideias provocam nas pessoas novas reações psicológicas e físicas que as permitem ampliar as suas aptidões e desenvolver a sua criatividade.

Lembre-se que, para aumentar os seus níveis de fé, você precisa estar em movimento. Acreditar não é apenas ficar em casa pensando e fazendo pensamento positivo. Também não é ficar rezando e conversando com o seu conselho de mentores. Acreditar é agir.

É exatamente isso que eu aprendi e que forma o cerne do quarto e último passo do método.

QUARTO PASSO:

4 - APLIQUE OS NOVOS CONHECIMENTOS

Por incrível que pareça, apesar de parecer quase óbvio, muitos dos conhecimentos que nós absorvemos são jogados no lixo. Muitas pessoas, logo após fazer um curso ou ler um livro deixam esse conhecimento de lado para, eventualmente, utilizar um dia. No entanto, podemos melhorar o nosso desempenho com uma pequena mudança de atitude.

Ao terminar de ler um livro ou fazer um curso, seja de curta ou longa duração, presencial ou pela internet, é muito importante aplicar os conhecimentos logo em seguida. Por quê?

Porque dessa forma você saberá o quão útil foi aquele aprendizado. Pode ser que quase nada daquilo foi útil, mas se você não aplicar logo em seguida, nunca saberá e ficará ocupando a sua mente com essa dúvida, além da possibilidade de desenvolver uma baixa autoestima por não efetivar o aprendizado.

Outra importante razão para muitas pessoas não colocarem em prática os conhecimentos é a falta de costume de planejar.

Costumamos pensar em planejamento como algo que fazemos para alcançar objetivos futuros. E os novos conhecimentos nos aparelham com novas ferramentas para alcançar esses objetivos. Os novos conhecimentos podem nos ajudar a encontrar estratégias mais produtivas para alcançar os objetivos.

Não estou falando nada muito novo para você. Você faz isso com frequência. Mas talvez não tenha consciência disso e talvez não tenha adotado essa prática como um método a seu favor. Quer um exemplo?

Você vai a um mercado e percebe que os pães estão em uma seção diferente da habitual. Você guarda isso mentalmente e vai escolhendo os produtos que necessita. Antes de sair do mercado, você passa na seção de pães para pegar os mais frescos e para que fiquem em cima das outras compras sem serem amassados. Fazemos esse tipo de planejamento mental com frequência, o que tem a sua utilidade e aproveitamento.

Contudo, se utilizamos as novas fontes de saber para que esse *know-how* faça parte do planejamento de nossas ações, nos treinamos para o ganho de desempenho em tempo real: na próxima vez que você entrar no mercado, irá prestar atenção em todas as seções e desenvolver uma estratégia para as compras do dia, antes de iniciar a escolher os produtos.

Tudo o que deixamos para a nossa mente realizar, sem dar reforços a ela, tende a ser menos aproveitado e até mesmo esquecido.

Se você acaba de fazer uma leitura e não inclui os novos saberes no planejamento de sua vida futura, tende a se esquecer da nova informação ou a utilizar uma parte ínfima dela no futuro. Na próxima vez que ler um novo livro, você poderá pensar: "Cada livro que eu leio é um grande investimento de tempo e eu acabo ganhando muito pouco com isso. Não vou ler mais livros."

E quais são os passos seguintes de quem decidiu não ler mais livros?

Não vou fazer mais cursos.

Não vou fazer mais pesquisas.

Não vou procurar novas fontes de saber.

Mas, se, assim como falou Rolland, você agir sempre e aplicar sempre os novos conhecimentos, estará potencializando a sua crença. Estará aproveitando a essência de cada novo saber e passará a pensar sempre: "Cada livro que eu leio está aumentando a minha capacidade de realização e me deixando mais perto de alcançar as minhas metas e de realizar os meus sonhos."

A absorção de conhecimentos nos permite não apenas aumentar a nossa reserva de informações, mas também que melhoremos o desempenho de nosso planejamento.

Líderes visionários são sempre pessoas de grande fé. No entanto, não é possível inspirar grupos de pessoas quando o próprio líder não acredita que conseguirá atingir o seu objetivo. Houve e há hoje em dia muitos líderes passionais com grande força de coerção. Entretanto, esses líderes estão sempre à mercê de que algum imprevisto aconteça e que não estejam preparados para ele.

No entanto, os líderes que atingem maiores e melhores resultados são aqueles que aprendem o enorme poder do planejamento. Mesmo quando acontecem imprevistos, eles já estão preparados e têm um plano alternativo em mente.

Não foi à toa que Nelson Mandela não aceitou ser libertado quando e como os brancos da África do Sul queriam. Ele sabia o que fazer e como. Teve décadas de tempo para pensar no assunto e planejou todos os passos muito bem. Especialmente aqueles que fizeram com que a sua liderança se impusesse naturalmente também aos brancos.

O planejamento é uma ferramenta extraordinária para se atingir objetivos. Trata-se de uma forma que melhora a performance de qualquer líder. No entanto, há também um aspecto que está fortemente ligado à qualidade de desempenho de profissionais e líderes, desde o século XX, como nunca havia sido antes: a velocidade.

Todas as melhorias tecnológicas, tanto mecânicas, quanto cibernéticas, alteraram a velocidade com que fazemos muitas coisas. E, com a mudança da velocidade das ações no mundo desde o século XX, nós tendemos a querer tudo para ontem. A cada ano, ou até menos do que isso, novos programas e novos aplicativos para computadores e celulares são desenvolvidos e lançados.

Quando acontece algum imprevisto ou quando esquecemos uma de nossas engenhocas em casa, ou se a bateria do aparelho acaba, ou ainda, caso a rede de internet em nosso aparelho não funcione, a maioria de nós tende a ficar perdido. Procuramos freneticamente um aparelho de outra pessoa ou local para acessar as informações da rede. E quando isso acontece, caso o aparelho que nos foi emprestado tenha uma velocidade mais baixa do que aquela com a qual estamos acostumados, tendemos a ficar irritados.

Em geral, me irrito por poucos segundos porque eu me treinei a lembrar rapidamente do tempo que os computadores pessoais levavam para processar as informações nos anos 1980. Na verdade, se computarmos a perda de tempo que temos hoje em aparelhos mais lerdos para a realização de uma tarefa, a somatória disso em todas as ações será de apenas alguns segundos. Mas estamos tão acostumados a certo padrão de velocidade, que a irritação brota rapidamente.

Saber lidar com o tempo é um dos sinais de sabedoria. A mesma pessoa que ficou irritada porque perdeu alguns segundos com um aparelho mais lerdo irá possivelmente, em um momento de lazer, ficar vários minutos na frente de um computador visitando páginas na internet que não lhe dizem nada.

A primeira ação gerou irritação, e a segunda, frustração.

Devemos prestar atenção em como estamos investindo o nosso tempo na vida, tanto em ações cotidianas como em ações estratégicas de médio e longo prazo.

Algumas coisas levam mais tempo na vida. Um jovem, por mais brilhante que seja, não irá amadurecer em um ano. Um médico, por mais genial que seja, precisa de alguns anos para ganhar experiência, e assim por diante.

Da mesma forma, uma mudança importante dentro de nossas crenças leva um bom tempo para ser absorvida.

Frequentemente, quando ofereço master classes de regência e especialmente, quando o aluno é iniciante, eu ensino gestos novos que ele poderá vir a incluir em seu repertório. Após o aluno entender as explicações, demonstro o que acabei de explicar e peço para que ele repita os gestos. É comum eu precisar insistir nas repetições até que o aluno consiga reproduzir o gesto com bom desempenho, pelo menos uma vez. Frequentemente, assim como foi comigo quando eu era um regente iniciante, o jovem regente irá acertar a execução do novo gesto algumas vezes e irá errar outras vezes.

Esse momento é de uma imensa riqueza, porém costumamos querer sair logo dele sem sequer percebermos a sua grande importância. É verdade que se trata de um limbo entre o conhecimento que não tínhamos e algo novo que já sabemos como funciona, mas que ainda não conseguimos executar com perfeição. No entanto, todas as áreas profissionais oferecem desafios e as pessoas que aceitam que eles fazem parte de seu crescimento, mantendo o seu lado emocional trabalhando a seu favor, conseguem saltar para o próximo grau mais rapidamente.

Uma obra que costumo adotar com frequência nas master classes de regência é a Sinfonia N° 1 de Ludwig van Beethoven. A sinfonia clássico-romântica é um tipo de obra que normalmente é dividida em quatro movimentos, ou seja, em quatro partes separadas que, porém, devem ser entendidas como um todo. O início do primeiro movimento desta sinfonia é, sozinho, uma imensa aula de regência.

Um dos desafios para o jovem maestro é entender quais são os inícios da frase musical que ele deve indicar para determinados músicos e quais são aqueles que ele não precisa. Se ele começar a dar indicações para tudo o que vai acontecer na música, ele vai virar um dançarino e mais atrapalhar os músicos do que ajudar.

Além de saber identificar quais as entradas que deve indicar e executar a indicação de forma bem clara, ele deve também indicar com clareza a velocidade da introdução do primeiro movimento desta sinfonia. Após essa introdução, que é relativamente curta, inicia-se a parte principal deste movimento, que é em uma velocidade bem mais alta. Ele também deve indicar a nova velocidade com muita clareza.

Pode parecer bem simples a uma primeira vista, essas poucas ações que eu expliquei acima, no entanto o jovem regente leva um bom tempo até conseguir realizar essa ação com fluência e liberdade.

O nosso cérebro entende as informações, porém, quando nos damos conta que se trata de algo novo e que talvez esse algo novo seja muito poderoso como, por exemplo, um gesto que nos permite auxiliar uma orquestra inteira a diminuir o andamento da música ao mesmo tempo, o sistema límbico rapta o cérebro mais uma vez e não pensamos. Agimos instintivamente para preservar o suposto equilíbrio. Isso acontece especialmente com as pessoas pouco acostumadas a experimentar o novo.

Muitas vezes, quando os sentimentos afloram, dificultam a excelência na execução do aprendizado imediato, como um gestual recentemente aprendido. O aprendizado também é físico e o aprendizado físico quase sempre leva mais tempo do que o aprendizado mental. Se acabamos de aprender a jogar pingue-pongue, precisamos dar possibilidade ao processo mental para que absorva as informações.

Da mesma forma, desaprender também é um processo físico e requer a mesma atenção e paciência. Quem se propõe a desenvolver fortemente os processos de aprendizagem e desaprendizagem tem uma força estratégica enorme em suas mãos.

Alvin Toffler, importante pensador, disse que o analfabeto do século XXI não é a pessoa que não sabe ler e escrever, mas sim a que não sabe aprender, desaprender e reaprender.

Contudo, com treino e vontade, tudo se consegue. Do mesmo modo, o jovem regente, com o passar do tempo, se habitua ao novo gesto aprendido, e o sistema límbico passa a se comportar e não rapta mais ninguém. O desempenho como regente se torna eficiente e cada vez mais fluente.

Precisamos saber que, em determinadas situações, é necessário dar tempo ao tempo. O que de maneira alguma significa ficar parado, e sim, saber manter o ritmo das ações para se chegar ao objetivo, sem ansiedade.

Timothy Gallwey em seu eficiente livro *O jogo interior do tênis* (1996) explica que a nossa performance sofre influência do meio. Quanto menos influência sofremos, mais perfeita será a nossa performance.

Na verdade, existe uma fórmula que nos ajuda a entender isso de maneira muito clara:

PERFORMANCE = POTENCIAL – INTERFERÊNCIA

A performance de um regente é igual ao potencial que ele tem para ser um grande líder e músico à frente de um grupo de músicos, menos as interferências que ele sofre. O mesmo pode se dizer de qualquer pessoa em qualquer atividade.

E o que são essas interferências?

Medos, receios, influências momentâneas, etc. No caso de um jovem regente, por exemplo, pode ser o medo de errar, o receio de não ser respeitado pelos músicos da orquestra ou a influência do barulho de pessoas cochichando no palco ou na plateia.

Ser ou não influenciado por interferências faz com que a nossa performance seja melhor ou pior. Necessitamos de tempo e amadurecimento na atividade para podermos executá-la no nível de fluência.

Robert Kiyosaki explica que as pessoas necessitam de uma média de cinco anos para absorver as novas crenças e fazer com que estas façam parte orgânica delas.

Da mesma forma, como são necessários anos para se construir uma grande carreira, empresa ou um grande líder empresarial, necessitam-se anos para se construir sonhos.

Muita gente tende a querer a recompensa de forma imediata, afinal esta é a velocidade do século XXI. Só que, apesar do mundo cibernético ter essa velocidade, a construção de um sonho continua demandando tempo para amadurecer.

Bill Porter foi um vendedor extraordinário, mesmo tendo limitações físicas. No inspirador filme *De porta em porta* (2002), de Steven Schachter, descobrimos que, apesar de ter sofrido as consequências de uma doença mental, chegou a ser o campeão de vendas de sua empresa. A sua história é emocionante e serve de exemplo para todos nós. Bill teve uma grande incentivadora que foi a sua mãe, que sempre repetia para ele: tenha paciência e persistência.

Tenho feito algumas provocações a você e desejo profundamente que se sinta um pouco incomodado, o que significará um novo estado mental e a possibilidade de crescimento.

Portanto, sejam lá quais tenham sido as suas decisões, geradas após o término desta leitura, quero pedir a você para que conceda a si mesmo cinco anos para que as suas metas sejam atingidas.

Não estou dizendo para você ficar em casa esperando as mudanças acontecerem. Você precisa agir. Esse é o cerne da questão de todos os exercícios por mim propostos. Porém, entenda que é necessário um tempo de maturação para que os resultados apareçam de forma mais efetiva.

Necessitamos de tempo também porque nunca retemos 100% do que lemos, estudamos ou aprendemos empiricamente. De acordo com estudos neurológicos, aprendemos por meio dos cinco sentidos da seguinte forma:

1% através do paladar
1,5% através do tato
3,5% através do olfato
11% através da audição
83% através da visão
E o que retemos?
10% do que lemos
20% do que escutamos
30% do que vemos
50% do que vemos e escutamos
70% do que ouvimos, vemos e logo discutimos
90% do que ouvimos, vemos e logo realizamos

Toda a nossa preocupação em desenvolver as nossas habilidades e termos uma carreira que nos dê prazer, e também a felicidade em nossa vida como um todo, estão ligados a um sentido mais amplo de realização. Talvez não haja nenhuma pessoa que seja 100% autorrealizada porque aquelas que estão mais perto dessa porcentagem só estão lá por estarem sempre buscando mais.

No entanto, acredito que buscar a autorrealização deve ser a principal meta de todo ser humano. Quem faz essa jornada continuamente, contribui consigo mesmo e com todos ao seu redor.

Há algumas características das pessoas autorrealizadas que foram destacadas por Maslow, importante psicólogo norte-americano que propôs a pirâmide com a hierarquia das necessidades dos seres humanos.

Repare que várias delas coincidem com os quatro passos do método. Algumas, no entanto, estão ligadas às crenças e valores de cada um e àquilo que nos torna grandes no espaço de uma vida.

De acordo com os seus estudos, são características das pessoas autorrealizadas:

> Percebem a realidade de maneira acurada e objetiva.
> Toleram e até mesmo gostam da ambiguidade.
> Não se sentem ameaçados pelo desconhecido.
> Aceitam a si mesmos da maneira como são, sem se comparar com os demais.
> São espontâneos, naturais e genuínos.
> Não são egoístas, possuindo uma filosofia de vida e até mesmo uma missão para ela.
> Precisam de mais privacidade e de momentos para ficar a sós do que as pessoas comuns.
> São capazes de se concentrar intensamente.
> São independentes, autossuficientes e autônomos.
> Têm menos necessidade de luxos e mimos.
> Possuem uma enorme capacidade de apreciar as experiências mais simples.
> São muito bem-humorados e possuem a habilidade para lidar com o estresse.
> São altruístas e benevolentes.
> São extremamente éticos e morais individualmente, ainda que fujam das convenções.
> Possuem um excelente senso de humor, que é construtivo e não destrutivo.
> São criativos e originais, possuindo enorme capacidade em evocar respostas simples para problemas complexos.
> São capazes de avaliar as culturas (inclusive a sua) criticamente.

A autorrealização é resultado das iniciativas e das ações voluntárias de uma pessoa. Scott Gerber, autor de *Nunca procure emprego* (2012), pode ser às vezes irreverente em seu estilo, mas o seu objetivo é nobre – nos ajudar a entender que os resultados podem ser maiores e melhores se nos propusermos a agir:

> Sua McVida (gíria que pode significar uma situação pior do que a morte, comparável ao lanche do McDonald's) – aquela que o transformou num panaca preguiçoso, viciado em Xbox e incapaz de sobreviver sem batatas fritas - o tem enganado, fazendo-o acreditar que tudo aquilo que deseja será atingido com facilidade e rapidamente. Você recebeu uma lavagem cerebral para acreditar que isso acontecerá em trinta segundos – ou menos – e terá grandes recompensas com o mínimo esforço.
>
> Caia na real, mané! Nem tudo pode ir ao micro-ondas. Roma não foi construída em um dia, e se você acha que a sua empresa ficará pronta depois de uma noite, está no caminho certo para levar um grande choque de realidade – seguido por constantes viagens para tomar sopinha em abrigos de indigentes. Livre-se dessa mentalidade absurda de querer recompensas instantâneas ou vai sair do jogo muito antes que sua empresa recém-criada tenha a chance de dar errado.

O recado de Gerber vai primeiramente para os empreendedores ou para os candidatos a empreender. Mas todos nós podemos aceitar um pouco o chamamento dele para a ação porque na verdade cada um de nós é empreendedor de pelo menos uma organização complexa: a própria vida.

Apesar do tom mordaz que ele utiliza em seu livro, vale a pena para atentarmos que não podemos ficar agindo aos poucos. Precisamos ser proativos especialmente no que é mais importante: a nossa própria existência.

Ser proativo e ter atitude é o que Jim Collins chama de dar o tiro de revólver. Quando entendemos que acertamos um alvo, então podemos dar o tiro de canhão.

Às vezes, mesmo os tiros de revólver podem ser uma grande ousadia. Entretanto, se forem feitos com cautela, trazem grande aprendizado e podem vir a gerar grande contribuição para uma pessoa, uma família, uma comunidade, uma corporação e até mesmo, um país.

Martin Braunwieser foi um músico excepcional. Ele foi um violista, flautista, pedagogo, compositor e maestro, graduado no Mozarteum de Salzburg, Áustria. Mudou-se para a Grécia após a Primeira Guerra Mundial, quando havia muita fome na Europa central. Ele foi dar aulas no Conservatório Odêion, de Atenas, onde conheceu a pianista russa Tatiana Kipman, fugida da revolução bolchevique, que veio a se tornar a sua esposa.

O casal se mudou para o Brasil, onde o irmão de Tatiana já vivia. Quando chegaram a América do Sul em 1928, os brasileiros que costumavam frequentar o meio da música clássica estavam acostumados a ouvir concertos ao estilo clássico-romântico centro europeu, em que as óperas eram também parte importante da programação anual.

Percebendo quanta informação faltava por aqui, eles resolveram dar um tiro de revólver: fundaram a Sociedade Bach de São Paulo. Por décadas eles promoveram a música antiga no Brasil, que se transformou em um tiro de canhão de grande sucesso.

Na mesma época não era costume se fazer concertos de música contemporânea no Brasil, e o casal – ela era exímia cantora e pianista – passou a produzir também concertos de música nova. Tatiana estreou no Brasil, entre outras obras importantes, a sonata de Stravinski para piano. Foi outro tiro de revólver que se tornou tiro de canhão.

A movimentação que esse casal provocou foi tamanha, que rapidamente chamaram a atenção de dois dos mais influentes artistas do Brasil na época: Villa-Lobos e Mário de Andrade, de quem ficaram amigos e se tornaram parceiros em vários projetos.

Só transformaremos os nossos conhecimentos em um tesouro, colocando-os em prática. Caso contrário, poderão ficar escondidos no sótão mental até serem provocados ou até mesmo esquecidos para sempre, perdendo qualquer eventual utilidade.

Se o casal Braunwieser tivesse decidido dar ao público brasileiro apenas aquilo que ele pedia na época, importantes janelas e portas na formação do público e de várias gerações de artistas no Brasil demorariam muito mais para serem abertas.

Utilizar os nossos conhecimentos de forma proativa pode transformar a nossa vida. Mas isso não acontece por passe de mágica. Aliás, mesmo os grandes mágicos, só estão lá porque desenvolveram exaustivamente as suas habilidades. As grandes mágicas são o resultado de truques que foram rigorosamente planejados e incansavelmente treinados. O ilusionista profissional treina arduamente para ser um artista impactante.

Cada ser humano deve planejar detalhadamente a própria vida e treinar fortemente para estar em dia com as habilidades desenvolvidas.

Se você está preocupado porque desenvolveu apenas uma parcela das habilidades que precisa ou porque durante esta leitura entendeu que ainda há muito o que fazer, anime-se: todo mundo começou do nada um dia.

A solução é, mais uma vez, agir!

Para facilitar a aplicação e prática do método, eu desenvolvi um mnemônico que me facilitou guardar os 4 pontos e que você também pode adotar. Se você quiser que o método faça a sua vida se transformar rapidamente como se estivesse voando em um tapete mágico, lembre-se do Aladim:

AL
A
DI
N

Esteja sempre **AL**erta para os sinais da vida.
Afine o seu instrumento – Invista em **A**utoconhecimento.
Faça as coisas de maneira **DI**ferente.
Aplique os **N**ovos conhecimentos.

O excelente é melhor do que o ótimo, o ótimo é melhor do que o bom, o bom é melhor do que o malfeito e o malfeito é melhor do que nada. Faça da maneira que puder fazer agora e aprenda. Nas próximas vezes, será melhor. Não se permita ficar inventando justificativas para si mesmo porque isso o levará no curto, médio ou longo prazo à paralisação.

Qualquer resultado é melhor do que nenhum. Até mesmo um mal resultado. Porque dele é possível se extrair algum aprendizado. O contrário do amor não é o ódio, e sim a indiferença.

Não se permita ser indiferente consigo mesmo! Se você agir assim, estará ensinando aos outros a forma como quer ser tratado.

E se você tiver filhos ou orientar jovens em algum tipo de atividade, lembre-se: as pessoas – neste caso, os jovens – aprendem e agem através dos exemplos que damos a eles e não por meio do que falamos para eles. Não busque as respostas mais fáceis, e sim aquelas que trazem mais aprendizados.

Também não é preciso procurar sempre o caminho mais difícil. A virtude costuma sempre estar no meio do caminho...

CAPÍTULO XII

O CAMINHO É A AVENTURA

"O que a gente não pode mesmo, nunca, de jeito nenhum... é amar mais ou menos, sonhar mais ou menos, ser amigo mais ou menos, namorar mais ou menos, ter fé mais ou menos e acreditar mais ou menos. Senão a gente corre o risco de se tornar uma pessoa mais ou menos."

Chico Xavier

Falamos muito de performance e de formas de estar com o espírito alinhado para alcançar os sonhos e objetivos.

Faltou, no entanto, mencionar um fator ao qual venho dando mais atenção a cada dia. É talvez o mesmo fator que me encanta na arte e que vou chamar de Toque Especial.

Qual é o seu prato predileto? Suponhamos que você tenha dito espaguete ao sugo. E qual espaguete ao sugo é o melhor de todos? E você dirá que é aquele que a sua mãe, tia, pai, avó prepara ou ainda a sua esposa, o restaurante ao lado ou um boteco do outro lado do oceano.

Sendo o seu prato especial, algo ele tem que lhe chama a atenção. E quando ele é feito nas condições que você mais gosta, tudo fica perto da perfeição, e a vida, ainda que por breves momentos, parece um paraíso, não é mesmo?

O mesmo vale para qualquer coisa na vida. Vamos verificar algumas possibilidades nos itens a seguir que são completamente diferentes quando possuem o Toque Especial:

Qual o sorriso mais encantador?
Qual a obra de arte mais impactante?
Qual a pessoa que mais te impressiona?
Qual a música ou poesia que definem a vida para você?
Qual a paisagem mais inesquecível?
Qual o aplicativo ou programa que mudou a sua rotina?
Qual a loja da qual você sempre sai feliz?
Qual o filme que mais te emocionou?
Qual a pessoa que sempre te faz se sentir bem?

Como você percebeu, a lista acima é praticamente infinita. Nós fazemos escolhas todos os dias e muitas vezes não prestamos atenção no quanto temos apreço ou não pelas escolhas que fizemos.

Quando fazemos escolhas sem prestar atenção e as consequências são insípidas, estamos escolhendo este gosto insosso para a nossa vida.

Porém, se temos foco e atenção nas escolhas, os resultados fazem com que a vida tenha mais colorido, mais realização. Possibilita que sintamos mais gosto pelo ar que respiramos e por tudo o que nos rodeia.

Adorava uma frase que a minha avó repetia de tempos em tempos. Ela observava algo na natureza e dizia em seguida:
– Você reparou como essa folha é linda?

Enquanto inúmeras pessoas passam pelas folhas por toda uma vida sem nunca prestar atenção nelas, a minha avó escolhia enxergar o milagre de Deus em cada detalhe deste planeta.

No entanto, se você não acredita em Deus, não há problema algum. Entenda que há uma força excepcional em tudo que é parte da Criação. Desenvolva um olhar especial para a natureza, para a vida e enxergue a sua beleza. Quem se emociona com a beleza da vida, entende com mais facilidade que o caminho é uma grande aventura.

Por que, quase sempre, um bebê provoca a atenção de todos à sua volta? Porque nós reconhecemos o milagre e a beleza da Criação naquela pequena criatura.

E isso significa desenvolver a habilidade do Toque Especial na vida. Você se acostuma a ver as coisas de uma forma diferente e passa a não aceitar mais qualquer coisa.

E, assim como outras ações que tendem a se tornar hábitos, se você aprende a procurar o Toque Especial em tudo, você estuda, trabalha e produz como um disseminador deste Toque Especial.

Como sempre, é uma questão de escolha e decisão. É uma postura para com a vida.

O que dá um Toque Especial à sua?

Se você ainda não sabe ou não tem esse Toque Especial, recomendo que pense urgentemente nisso. A vida é muito especial e até mesmo curta para deixarmos o barco correr sem prestar atenção. Se não dermos a devida atenção à beleza da jornada, chegamos no final da viagem sem nos lembrarmos das paisagens por onde passamos.

Thomas Edison foi um importante parceiro comercial de meu tio-bisavô, Julius Block, que foi representante de seus produtos e invenções na Rússia. De seus relatos, apreendo que também Edison vivia com um Toque Especial.

Há um livro intitulado *Mortais e Imortais – Edison, Nikish, Tchaikovski, Tolstoy – Episódios sobre Três Tzares* (1920-30), escrito por Julius Block, em edição datilografada de família, não editado, onde ele relata alguns episódios muito interessantes.

Neste livro ele dedica o primeiro capítulo a Edison e o segundo às sessões que realizou na Rússia para apresentar a nova maravilha de Edison na época, o fonógrafo, para o próprio Tzar Alexandre III e para Tchaikovski, que a essa altura já era seu amigo particular, além de outros artistas.

Block se mostrou extremamente encantado pela atenção e dedicação que Edison lhe deu quando o visitou. Mas a mim me chamou especial atenção um aspecto: o bom humor de seu anfitrião. Pelas palavras de Block:

> Era maravilhoso perceber o seu tato e camaradagem em trazer as pessoas para perto de si. Seu jovial senso de humor, também, era notável. Ele nos contou mais de uma estória cômica e me intrigou falando de Fliegende Blatter. "Você fala alemão, então?" – eu perguntei. "Não, mas eu adivinho as charges olhando os desenhos. Eles são tão bem desenhados."

A existência nos pede de alguma forma que nos esforcemos sempre um pouco mais. Cada um a partir do estágio onde se encontra. De uma forma ou de outra, a arte de se relacionar é a chave-mestra do sucesso.

Ver o Toque Especial nas coisas é saber se relacionar com a vida e com tudo o que nela existe.

Saber se emocionar com o belo é conseguir controlar a própria maneira de ver o mundo. E quem sabe controlar as próprias emoções tem grandes chances de controlar as emoções do outro.

Poder controlar as emoções no convívio com outra pessoa é a essência de se relacionar. O interessante é que esse controle exige amadurecimento, porém também o provoca, além de autocontrole e empatia. A inércia mais uma vez entra em cena nos ajudando a manter e replicar continuamente comportamentos vencedores, uma vez que tenhamos feito a escolha de adotá-los.

Muitos dos grandes realizadores da humanidade não eram obrigatoriamente interessados em gracejos ou piadas. No entanto, o bom humor faz com que a vida das pessoas seja mais leve e tranquila. Edison escolheu, apesar da sua grave deficiência auditiva, repartir o seu bom humor. Ele viveu compartilhando o seu Toque Especial de inventor incansável com bom humor.

Ser uma pessoa que vive de bem com a vida, procurando sempre estar de bom humor é, como sempre, uma questão de escolha. Seria utópico dizer que qualquer ser humano vive 100% do tempo alegre. Mas adotar o bom humor como uma direção a seguir é uma escolha que fará você ter menos doenças e ser uma pessoa mais atrativa para o convívio com as outras.

O bom humor nos deixa menos vulneráveis a ações desagradáveis de pessoas que não estejam bem e também nos ajuda a recuperar o estado de equilíbrio mais rapidamente quando acontece um imprevisto.

Quando um ente querido sofre um acidente sério ou morre, você sofre, porque é natural do ser humano ficar fortemente abalado por certo período após um forte choque emocional. O que faz com que você tenha maior ou menor desempenho emocional é a rapidez com que sairá do estado de melancolia profunda. E isso faz toda a diferença na vida das pessoas.

Se você escolher a busca constante do bom humor, estará treinando a cada dia para viver com mais saúde física, mental e mais resiliência. Essa capacidade de se recuperar rapidamente é uma ferramenta muito poderosa, tanto na vida pessoal, quanto na vida profissional.

Mesmo que você não acredite em uma entidade espiritual superior, sabe que a física tem promulgado algumas leis ao longo dos séculos e que somos afetados por todas elas. Se soubermos aprender com tais leis e trabalharmos para que elas ajam a nosso favor, também seremos agentes provocadores do bem e da saúde física e mental nossa e das outras pessoas.

Provocar o bem não significa rodear as pessoas que amamos com um conto de fadas. O bom humor não existe para fingirmos uma vida falsa para os outros e para nós mesmos. Ele existe justamente para nos ajudar a aprender a modular tudo aquilo que acontece de ruim rapidamente.

Essa é uma habilidade que normalmente melhora com o passar dos anos, conforme ganhamos mais maturidade. É, aliás, uma arma poderosíssima no apoio a filhos e jovens em geral.

Sabemos que todos passarão por situações difíceis. Nós, os pais, queremos ajudá-los a entender o mais rapidamente possível o que precisam fazer para que possam tocar as suas vidas aprendendo a viver plenamente e se realizando. Mesmo assim, sabemos que haverá momentos de dificuldade e dor para eles.

Transformar a nossa atitude em uma soma de comportamentos que gerem e provoquem bom humor à nossa volta é uma das mais importantes e duradouras lições que podemos legar para as gerações futuras.

Olhe à sua volta e preste atenção nas pessoas que são realizadas na vida. Quantas delas ficam reclamando de tudo e de todos? Quantas delas focam a sua energia na solução e não no problema?

Você deve conhecer pessoas que, ao ficarem viúvas, escolhem viver de luto por anos. Às vezes, por décadas. Será que o cônjuge de uma pessoa assim, se amava verdadeiramente quem ficou, desejava para ela tanta tristeza, por tanto tempo?

Algumas pessoas costumam dizer que foram abandonadas pelo amor da sua vida e não faz mais sentido estar aberto para outro relacionamento. Pode até ser que o companheiro anterior tenha sido o grande amor da vida de uma pessoa até então. No entanto, viver dentro de uma caverna emocional não é respeito a esse amor e muito menos respeito à pessoa que se foi.

Uma coisa é procurar um novo parceiro a todo custo, passando até mesmo por cima de valores pessoais para não ficar só. Mas tampouco é disso que estou falando. Trata-se de, após um período normal de luto e readaptação, procurar um ritmo normal de vida, inclusive emocional.

Se você está entre aqueles que sofreram um grande revés amoroso e decidiram não estar mais abertos para uma nova relação, quero chamar a sua atenção para duas possibilidades:

A primeira é que você está com medo de sofrer uma nova decepção, e isso significa querer viver na zona de conforto emocional em vez de crescer e se desenvolver emocionalmente.

A segunda é um pouco mais profunda e talvez você precise de ajuda profissional para reconhecer esse sentimento dentro de si com mais clareza: você tem apego. Nesse caso, é um apego negativo. Ou seja, aquilo que já foi seu precisa ser sempre seu.

Há pessoas muito desenvolvidas espiritualmente que têm apego. Se você tiver uma pequena desconfiança de que o tenha, faça uma pesquisa mais detalhada, porque quando nós nos livramos dele, a vida fica extremamente mais leve. E há vários níveis de apego. A gente sempre pode aprender a se desapegar um pouco mais, tanto de pessoas, quanto de coisas.

O exemplo clássico são os pais que criam os filhos para si. Os filhos são criados para o mundo. Devem ser realizados na vida e vivê-la plenamente. Muitos pais levam um bom tempo para entender isso. Alguns poucos não entendem nunca e guardam mágoas em seus corações que só fazem mal. É muito importante fazer uma autoanálise nesse sentido e descobrir o quanto estamos apegados às coisas e às pessoas.

Entendo que realização e felicidade não se medem pelas coisas que temos, pelos relacionamentos que fazemos, nem pelos acontecimentos pelos quais passamos. Medem-se pelo que fazemos com as coisas, por como lidamos com as pessoas com as quais nos relacionamos e por como aprendemos a reagir aos acontecimentos.

A partir do século XXI faz sentido dizer que a maioria dos seres humanos viverá pelo menos 90 anos. Se isso é um fato que hábitos mais saudáveis e a medicina nos estão proporcionando, pergunto: por que viver 90 anos de mau humor em vez de bom humor?

Há pessoas que sofrem de doenças mentais específicas. No entanto, elas fazem parte de uma pequena parcela da população, não de sua maioria. Tirando esse pequeno grupo de pessoas, todas as outras podem escolher adotar ações que as treinem para um dia a dia de bom humor, ou pelo menos mais bem-humorado.

E você não é exceção à regra!

Mesmo quem sofre de uma doença específica, física ou mental, pode adotar a estratégia de desenvolver uma cultura de bom humor. Eu já convivi com os dois casos.

Então, seja lá qual for o seu histórico, insisto: é uma escolha sua passar os anos de vida que virão pela frente de bom ou mau humor.

O bom humor, além de fazer bem para a saúde física e mental, faz com que o seu espírito se mantenha *jovial*, para utilizar a expressão de Thomas Edison!

Na minha jornada tenho tido o privilégio de conviver com alguns grandes líderes. Não raro são pessoas de bom humor ou pelo menos que sempre procuram enxergar as situações de vários ângulos. O hábito de procurar as energias construtivas leva essas pessoas a serem mais realizadas e alcançarem mais sucesso em suas propostas de vida.

Qualquer situação ou qualquer problema pode ser analisado por ângulos diferentes. Isso faz com que possamos manter a mente limpa para enxergar outros caminhos. E quando nos permitimos ficar de mau humor com frequência, perdemos muitas chances nos ocupando em estar de testa franzida.

Viver de mau humor pode até mesmo estancar o desenvolvimento intelectual de uma pessoa. Claro que há alguns fatores que são características fortes de cada um e mesmo algumas heranças genéticas que fazem uma pessoa tender a determinado comportamento.

Goleman afirma que muitos dos circuitos cerebrais da mente humana são maleáveis podendo, portanto, ser trabalhados. Ou seja, o temperamento de uma pessoa não é obra do destino, e sim de sua vontade e decisão.

Você deve conhecer pessoas de alto QI que não conseguem atingir o sucesso. E também conhece pessoas de QI mediano que atingem objetivos extraordinários. O fator que define o nível dessa performance é a inteligência emocional das pessoas.

A inteligência emocional inclui autocontrole, zelo, persistência e capacidade de automotivação. São habilidades que podem e devem ser treinadas. E também ensinadas para as crianças.

VIVER É UM RISCO

Apesar de ter aprendido a viver o método de quatro passos e acreditar nele profundamente, isso não significa que tudo são flores e que nunca haverá dificuldades.

Ao vivenciar um realinhamento de nossas crenças e nos depararmos com novas atitudes, muitas vezes temos quedas. Mas são as mesmas que os bebês sofrem. Aliás, todos aqueles que aprenderam a andar, caíram várias vezes quando crianças. E os pais mais experientes não ficam segurando os bebês o tempo todo pela mão. Eles apenas ficam bem perto e escoram, quando necessário, porque sabem que ele precisa cair para aprender e crescer em sua experiência humana.

Isso significa saber gerenciar o risco em uma situação. E tudo envolve um risco. Até mesmo ler esse livro porque pode cair um avião na sua cabeça daqui a um minuto.

(Não caiu ainda? Então vamos continuar...)

O curioso é que sabemos que devemos agir assim com os bebês, mas nós mesmos, como pais, muitas vezes protegemos os nossos filhos exageradamente durante a infância ou adolescência, privando-os de determinados aprendizados. E essa atitude de amor poderá causar mais dor a eles no futuro quando se depararem com as situações desafiadoras da vida real sozinhos.

Educar é uma arte, mas também é gerenciamento de riscos. Precisamos aprender a conviver com eles e assumir a mudança. Repito que quem vai viver as suas escolhas é só você. Então pare de ouvir a opinião daqueles que te colocam para trás: assuma a mudança e vá em frente.

Em geral, as pessoas que prosperam mesmo em fases de caos em suas vidas não são obrigatoriamente as mais capazes intelectualmente, nem mesmo aquelas com maior habilidade emocional: são aquelas que, atentas ao desenvolvimento técnico e emocional, tomam as suas decisões embasadas em dados concretos e não em suposições.

Aprendi muito com o livro *O poder do não positivo* (2007), de William Ury. Nele o autor nos lembra que, muitas vezes, quando não aprendemos, é porque não estamos escutando verdadeiramente o que as outras pessoas nos falam.

Suponha a situação frequente de ouvir a resposta de um interlocutor cuja opinião é contrária à sua. Você já se pegou na situação de, em vez de ouvir, estar apenas esperando a deixa para dar a sua opinião, não importa o que ele diga?

É essencial ouvirmos com atenção as respostas porque somente assim podemos fazer perguntas esclarecedoras. E essas trarão novas respostas que poderão sanar várias diferenças.

Eventualmente não prestamos atenção às respostas porque o sistema límbico está raptando o nosso cérebro e apenas quando ele nos é devolvido voltamos a "raciocinar". E muitas vezes acabamos por nos arrepender do que acabamos de dizer.

É importante saber buscar novas informações que não detemos. O caminho para isso é fazer perguntas esclarecedoras para as pessoas com quem travamos contatos.

Entretanto, a mais importante fonte de informações para qualquer pessoa está dentro dela mesma. Ou seja, treinar ouvir atentamente um interlocutor, prestar atenção na informação recebida, alinhar a conclusão ao próprio caminho através dos objetivos almejados e fazer perguntas esclarecedoras em seguida nos ajuda a treinar a ouvir o próprio pensamento. E quem ouve e dialoga com o próprio pensamento com clareza evita a autossabotagem.

Outra forma de buscar novas informações, como já mencionamos antes, é elegermos e buscarmos mentores para as áreas que não dominamos. Ser autodidata é possível e também tem valor. Mas, dependendo da área a ser desenvolvida, pode-se investir muito mais tempo tentando-se aprender sozinho e, muitas vezes, com resultados limitados. Então, escolha os seus mentores e mãos à obra! Você pode tanto fazer como Hill e desenvolver o seu conselho de mentores mentalmente, quanto fazer um contato direto e iniciar uma mentoria com uma pessoa que tem grande conhecimento na área de sua necessidade.

Alguns profissionais acham que mentores são pessoas que ocupam cargos e posições de destaque ou mais elevados hierarquicamente. Nem sempre. Muitas vezes são pessoas que trabalham em uma área específica ou passaram por situações das quais detêm grande conhecimento.

Apesar de ser importante saber agir sem ansiedade, também não precisamos perder tempo desnecessário para desenvolver um conhecimento. Nessas ocasiões é muito positivo e produtivo decidir pela mentoria e saber escolher um bom mentor.

Há um momento muito saboroso na biografia de Henry Ford, grande empreendedor que desenvolveu o carro moderno e um dos mentores de Napoleon Hill. Ele foi desafiado quanto aos seus conhecimentos, ao que respondeu prontamente: "Vamos marcar uma data, receberei um grupo dos senhores e demonstrarei que posso responder a qualquer pergunta"!

Na ocasião agendada, recebeu em seu escritório o grupo que começou a fazer as perguntas. A cada pergunta feita ele pegava um telefone e chamava alguém para responder por ele. Depois de algumas perguntas, um dos interpeladores disse: "Desculpe-me, Ford, mas o senhor não pode responder a todas as perguntas como disse. Está pedindo às outras pessoas para responderem pelo senhor."

O que se seguiu foi um momento antológico. Ford respondeu: "Meus caros, já há algum tempo tenho o hábito de escolher os melhores especialistas para serem meus parceiros. Sempre que tenho dúvidas, me consulto com eles. Somente dessa forma consigo ter o que, para mim, existe de mais precioso." Ao que foi indagado prontamente com alguma descrença: "E o que seria isso, senhor Ford?". A conversa foi arrematada com o espírito de quem quer sempre aprender, se desenvolver e realizar: "Ter tempo para pensar!".

Se você costuma dizer que não tem tempo para isso ou aquilo, lembre-se: ao procurar as pessoas certas que possam lhe dar um pouco de conhecimento, você gera mais tempo em sua vida.

Santo Agostinho dizia que o tempo existe enquanto o ser humano existe. Isso significa que, enquanto você estiver vivo, tem tempo para fazer o que quiser, inclusive aprender a errar e evoluir.

Pessoas muito próximas podem eventualmente não ter os mesmos valores que os seus, mas quase sempre são elas quem mais se preocupam com você.

Especialmente se você se decidiu por realizar uma mudança importante em sua vida, é importante respeitar a diferença de opiniões e procurar novas fontes e apoios para a jornada rumo aos novos desafios.

No entanto, lembre-se também que *você não viverá sozinho a sua transição, seja ela qual for*. "As pessoas mais próximas – sobretudo da família – "passeiam" pela curva da perda junto com você", como diz Rogério Chér (2012) em seu excelente livro *Todo novo começo surge de um antigo começo*. Promova o afastamento momentâneo das pessoas que não comungam os valores que você precisa desenvolver, mas tome muito cuidado para não as magoar e não se isolar do mundo.

Se você entende que está terminando um ciclo e começando outro, acolha o amor das pessoas próximas e respeite as suas opiniões, mesmo que você não concorde com elas. E mãos à obra!

› Assuma a mudança!
› Gerencie os riscos!
› Procure mentores!

Não há fórmula mágica, há um caminho a ser percorrido. Há uma aventura a ser vivida.

Sun Tzu, um grande filósofo da antiguidade, escreveu um livro que vem sendo referência para gerações de pensadores desde a antiguidade: *A arte da guerra* (2007). Nessa obra ele defende que o maior general de todos é aquele que consegue que o seu exército não precise entrar em guerra, certamente um resultado extraordinário em épocas de crise.

Uma de suas frases mais famosas diz que "a longa caminhada começa com o primeiro passo". Isso significa que, por mais extraordinário que seja o objetivo que você almeja, sempre é possível ir em direção a ele. Mas às vezes, se for realmente grande, você terá que segmentá-lo. Isso não significa desistir dele, mas fazer um planejamento mais detalhado.

O mais importante é não se intimidar com o tamanho do seu sonho. Se ele for muito grande, basta segmentar. Não adianta nada você achar tudo maravilhoso se não entrar em ação. Qualquer que ele seja, comece pelo primeiro passo.

O que você deve fazer agora, neste exato momento? Planejar as suas próximas ações. Não pense em algo muito elaborado por enquanto. Pense no que é possível ser feito ainda hoje e aja!

Um enorme universo de possibilidades está à sua espera. E ele começa com quatro atitudes bem simples:

1. ESTEJA ALERTA AOS SINAIS DA VIDA.

2. AFINE O SEU INSTRUMENTO – INVISTA EM AUTOCONHECIMENTO.

3. FAÇA AS COISAS DE MANEIRA DIFERENTE.

4. APLIQUE OS NOVOS CONHECIMENTOS.

Tudo o que você fizer, o universo vai lhe devolver na mesma proporção. Talvez não na mesma hora ou não do tamanho que você quer, mas, desde que Isaac Newton ficou com dor de cabeça por causa de uma maçã, nós sabemos que toda ação tem uma reação.

Deepak Chopra (1994), interessante pensador moderno, diz ser uma das sete leis espirituais do sucesso, a lei do carma ou de causa e efeito:

> Toda ação gera uma força energética que retorna a nós da mesma forma... O que semeamos é o que colhemos. E quando escolhemos ações que levam felicidade e sucesso aos outros, o fruto de nosso carma é a felicidade e o sucesso.

Conheci a história de uma senhora que havia ficado viúva já havia vários anos. Ela estava muito sozinha e se sentia aberta à possibilidade de um novo relacionamento, de ter um novo companheiro.

Tendo recebido a orientação de um profissional, ela se deu conta de que havia fechado o espaço físico de sua casa para outra pessoa. Ela utilizava todo o espaço no armário. Ela dormia no meio da cama. Enfim, ela havia se apoderado de todo o espaço da casa.

Após a orientação, ela se propôs a criar um espaço físico em sua vida para uma nova pessoa: passou a deixar metade do armário vazio, a estacionar o carro deixando uma vaga livre, passou a dormir em apenas um lado da cama, etc. Em menos de três meses, ela encontrou um novo amor e criou um novo espaço de felicidade em sua vida!

O convite que estou lhe fazendo é exatamente esse: crie espaço em sua vida para a mudança, para a prosperidade, para o sucesso.

Liberte e treine o seu pensamento para alçar voos cada vez mais altos! Dê à sua alma a possibilidade para a vida a qual você foi destinado!

BIBLIOGRAFIA

BLOCK, Julius. *Mortais e imortais*. Bermudas: Edição Familiar, entre 1920 e 1930.

CAMPBELL, Joseph. *O poder do mito*. São Paulo: Palas Athena, 1990.

CATALÃO, João Alberto; PENIM, Ana Teresa. *Ferramentas de coaching*. Lisboa: Lidel, 2012.

CHÉR, Rogério. *Engajamento*. Rio de Janeiro: Alta Books Editora, 2014.

_____. *Todo novo começo surge de um antigo começo*. São Paulo: Editora Évora, 2012.

CHNEE, Vitor. *O projeto secreto de Einstein*. São Paulo: Editora Landmark, 2005.

CHOPRA, Deepak. *As sete leis espirituais do sucesso*. São Paulo: BestSeller, 1994.

COLLINS, Jim; HANSEN, Morten T. *Vencedoras por opção*. São Paulo: HSM Editora, 2012.

CORREA, Cristiane. *Sonho grande*. Rio de Janeiro: GMT Editores, 2013.

COVEY, Stephen R. *Os 7 hábitos das pessoas altamente eficazes*. Rio de Janeiro: Best Seller, 2013.

DELL'ISOLA, Alberto. *Mentes brilhantes*. São Paulo: Universo dos Livros, 2012.

EKER, Harv T. *Os segredos da mente milionária*. Rio de Janeiro: Sextante, 2006.

FRANKL, Viktor E. *A presença ignorada de Deus*. Petrópolis: Editora Vozes, 1992.

GALLWEY, Timothy. *O jogo interior de tênis*. São Paulo: Textonovo, 1996.

GERBER, Scott. *Nunca procure emprego*. São Paulo: Editora Évora, 2012.

GLADWELL, Malcolm. *Fora de série*. Rio de Janeiro: Sextante, 2008.

GOLEMAN, Daniel. *Inteligência emocional*. Rio de Janeiro: Objetiva, 2001.

HILL, Napoleon. *Quem pensa enriquece*. São Paulo: Editora Fundamento Educacional Ltda., 2009.

IBARRA, Herminia. *Identidade de carreira*. São Paulo: Editora Gente, 2009.

KIYOSAKI, Robert. *Escola de negócios*. Rio de Janeiro: Elsevier, 2012.

PERLMUTTER, David. *A dieta da mente*. São Paulo: Paralela, 2014.

POULTER, Stephan B. *O fator pai*. São Paulo: Editora Academia de Inteligência, 2008.

SHAKESPEARE, William. *Romeu e Julieta*. São Paulo: Abril S. A., 1979.

STANISLAVSKI, Constantin. *A construção da personagem*. Rio de Janeiro: Editora Civilização Brasileira, 1989.

STEINER, Claude. *Os papéis que vivemos na vida*. Rio de Janeiro: Artenova, 1976.

TRACY, Brian. *Metas*. Rio de Janeiro: Best Seller, 2009.

TZU, Sun. *A arte da guerra*. São Paulo: Pensamento, 2007.

URY, William. *O poder do não positivo*. Rio de Janeiro: Elsevier, 2007.

WEINSCHENK, Susan M., *Apresentações Brilhantes*. Rio de Janeiro: Sextante, 2014.

MÚSICA

BEETHOVEN, Ludwig. Sinfonia N° 1. Hamburgo: Deutsche Grammophon, 1984.

BEETHOVEN, Ludwig. Sinfonia N° 6. Hamburgo: Polydor, 1988.

BIZET, Georges. *Carmen*. Vienna: BMG Music, 1963.

CHOPIN, Frédéric. Concerto N° 2. Colônia: Decca, 2015.

CHNEE, Sergio. Fases de criança. *Piano brasileiro contemporâneo III – Para as crianças*. São Paulo: PMC, 2003.

GOMES, Antônio Carlos. *Suíte Romances*. Disponível em: <https://www.youtube.com/watch?v=6jYQsSI-jPg>. Acesso em: 9 mar. 2015.

GUARNIERI, Camargo. Dança brasileira. In: BERNSTEIN, Leonard. *The Royal Edition*. New York: Sony Music Entertainment, 1993.

Office of Christmas. In: França: EMI France, 1954.

PALESTRINA, Giovanni. Missa Papae Marcelli. Dorchester Abbey: Naxos, 1991.

RAVEL, Maurice. *Bolero*. New York: EMI Records LTD., 1982.

SHOSTAKOVICH, Dmitri. Sinfonia N° 5. London: The Decca Record Co. Ltd., 1983.

VERDI, Giuseppe. Va pensiero. *Nabucco*. L. A.: Warner, 2004.

VILLA-LOBOS, Heitor. Bachianas Brasileiras N° 4. Paris: EMI France, 1991.

FILMOGRAFIA
CAMERON, James. *Titanic*. EUA, 1997.

EASTWOOD, Clint. *Invictus*. EUA, 2009.

BARRETO, Bruno. *Gabriela.* Brasil, 1983.

LUCAS, George. *Star Wars.* EUA, 1977.

SCHACHTER, Steven. *De porta em porta*. EUA, 2002.

SITES

MURRAY, Christopher e outros. Global Burden of Disease Study 2010. Disponível em: <http://www.thelancet.com/global-burden-of-disease#-Dec17>. Acesso em: 10 fev. 2015.

FIEGERMAN, Sieth. Google Founders Talk About Ending the 40-Hour Work Week. Disponível em: <http://mashable.com/2014/07/07/google-founders-interview-khosla/?utm_campaign=Mash-Prod-RSS-Feedburner-All-Partial&utm_cid=Mash-Prod-RSS-Feedburner-All-Partial&utm_medium=feed&utm_source=feedly&utm_reader=feedly>. Acesso em: 4 mar. 2015.

R7. Conheça a história de Jesse Owens, o negro que calou Hitler na Olimpíada de Berlim. Disponível em: <http://tv.r7.com/record-play/esportes-olimpicos/videos/conheca-a-historia-de-jesse-owens-o-negro-que-calou-hitler-na-olimpiada-de-berlim-13112015-1>. Acesso em: 05 jul. 2016.

YOUTUBE. Bertrand Russell (legendado) – Entrevista Face à Face (BBC – 1959). Disponível em: <https://www.youtube.com/watch?v=Ut7drCi2mts>. Acesso em: 06 jul. 2016.

Contato com o autor
schnee@editoraevora.com.br

Este livro foi impresso pela gráfica Typebrasil em papel Offset 70 g.